再思大学之道

大学与中国的现代文明

金耀基 著

生活·讀書·新知 三联书店

图书在版编目（CIP）数据

再思大学之道：大学与中国的现代文明/金耀基著．—北京：
生活·读书·新知三联书店，2020.6
ISBN 978 - 7 - 108 - 06787 - 6

Ⅰ．①再…　Ⅱ．①金…　Ⅲ．①高等教育－文集　Ⅳ．① G64-53

中国版本图书馆 CIP 数据核字（2020）第 022361 号

图书策划　活字文化
责任编辑　徐国强
装帧设计　康　健
责任校对　曹忠苓　常高峰
责任印制　徐　方
出版发行　**生活·讀書·新知** 三联书店
　　　　　（北京市东城区美术馆东街 22 号 100010）
网　　址　www.sdxjpc.com
经　　销　新华书店
印　　刷　河北鹏润印刷有限公司
版　　次　2020 年 6 月北京第 1 版
　　　　　2020 年 6 月北京第 1 次印刷
开　　本　880 毫米 × 1230 毫米　1/32　印张 7
字　　数　124 千字
印　　数　0,001 - 4,000 册
定　　价　49.00 元
（印装查询：01064002715；邮购查询：01084010542）

目　录

前　言

一

《再思大学之道》一书，可视为拙著《大学之理念》的姊妹篇。《大学之理念》最早的台湾时报文化版于1983年问世（此后有香港牛津大学出版社2000年增订版，大陆三联书店2001年简体中文版），距2017年《再思大学之道》之发布已近三十五年。作为作者的我，对于《大学之理念》在海峡两岸暨香港一再重印，迄今仍多有读者对这本书写"大学之为大学"的论文集兴趣不减，是十分欣慰的。而今我在80岁后能看到《再思大学之道》与读者见面，则更有一份自得之乐。

二

《再思大学之道》的论文集是我 2004 年自香港中文大学退休后所作。在过去十年中，我真正享有一生难得的自由自在的生活，做自己喜欢做的事。其间，除了出版散文集《敦煌语丝》、学术论文《中国文明的现代转型》外，最念兹在兹、书写时停时续的便是《再思大学之道：大学与中国的现代文明》这本论文集。十年来，我先后有幸受邀在北京大学、复旦大学、东南大学、南京大学、江西师范大学、高雄中山大学、香港中文大学及深圳读书论坛做专题讲演。这七次讲演，经我修改、补充便成了这本《再思大学之道》。这本论文集的七篇论述，各有所重，彼此独立，而却又相互有关，因为都是循着我心中一个主题而展开的。这个主题就是本书书名所示意的。也正因为此书各篇讲稿是循同一主题展开的，所以有些内容，甚至有些文字，颇多重复之处。牛津大学出版社的编者认为为了尽可能保有讲演的原趣，建议不作删改，盼读者有以谅之，幸甚。

三

《再思大学之道》是拙著《大学之理念》的姊妹篇，但它更是我四十年来的中国现代化与现代性论述的一个环节。2016年出版的拙著《中国文明的现代转型》收录的是四十年中我对中国文明现代转型的宏观论述。在该书中，我提出一百五十年来中国现代化有三大主旋律，即（一）从农业社会经济转向工业社会经济，（二）从专制君主制转向共和民主，（三）从经学转向科学。通过这三大主旋律，中国经历了巨大的转变（great transformation）。因此，中国的古典文明转型为中国的现代文明。对于中国现代化的三大主旋律，我用了数十万言加以诠释。第一个主旋律（从农业社会经济转向工业社会经济）的诠释，可阅看拙著《中国社会与文化》[1]。第二个主旋律（从专制君主制转向共和民主），可阅看拙著《中国政治与文化》[2]。但对第三个主旋律（从经学转向科学）则并无专文的论述。这次《再思大学之道》的出版正是论述一百五十年来中国的大学从经学到科学的转向及因此产生的中国学术文化之巨变。至此，我四十年来的中国现代化与现代性的书写也可算有了一个全面的理论性的表述。

---

〔1〕 金耀基：《中国社会与文化》（增订版），香港：牛津大学出版社，2013。
〔2〕 同上。

四

讲"从经学转向科学"不能不提 1905 年清廷下诏"废科举、设学校"这件头等大事。这是中国两千年"经学时代"（冯友兰语）结束的象征。民国初年，蔡元培任教育总长时颁布《大学令》，取消了"经学科"，又是中国教育史上里程碑式的大事。1917 年蔡先生任北京大学校长时，大量的科学课程进入大学，而"经学"作为中国古代的经典则如西方的"神学"（西方古代的经典）一样，被从大学中排除了。蔡元培执掌的北京大学实是参考德国所创的"现代大学"。

中国的现代大学是 19 世纪末 20 世纪初横向地从欧洲移植过来的，而不是纵向地从中国传统的"太学"传接下来的。中国的现代大学与古代的太学（及国子监）不同，太学是以经学（四书五经）为核心，而大学则以科学为核心。大学是中国现代化的产物，同时，大学又是中国现代化之"动力"的基本源泉。中国一百多年的经济现代化，讲到底，实是中国"工业化"，而工业化之最后知识的奥援是科学（科技）。今天海峡两岸暨香港、澳门都已经历了不同形态的工业化，传统而古典的农业文明已转型为一个新起的工业文明，这绝对是中国三千年最大之变局。而这个变局之所以产生，归根究底，主要（当然非唯一）是由于中国百年来由大学培育的科学知识与人才。今日之世，一个国家的国力，不论硬实力或软实力，主要都来自大学。在这里，我愿强调中国的现代大学是建立、推动"科学新文化"的主要基地，"五四"新文化运动标举"民主"与"科学"两大目标性价值观之后，科学在大学中已占据虽非垄断，但肯定是主导的地位。从大学的知识结构来看，科学及其相关的院系已占大学的三分之二或五分之四甚至七分之六的比例。科学的精神气质（ethos）已渗透到所有学科。大学如社会学家帕森斯（Talcott Parsons）所言已成为一"认知复合体"（cognitive complex），大学更出现贝拉（Robert Bellah）所说的"知识的科学范典"（scientific paradigm of knowledge），即科学已成为一切知识之尺度。更有甚者，甚至出现了把科学与知识画上等号的"科学主义"。当然，科学主义早已受到严厉的批判，事实上也已为识者所扬弃，不过科学知识在知识王国当阳称尊是一个客观的事实。也正因在科学当阳称尊的氛围下，中国读书人两千年信奉不疑的"大学之道"，即"大学之道，在明明德，在亲（通"新"）民，在止于至善"。

实际上已在今日大学中渐行渐远，甚至在消失中，而被今日新的"大学之道"，即"大学之道，在明明理（明科学之理），在新知（创科学之新知），在止于至真（科学之真理）"
所取代了。

这个古今"大学之道"的变化与易位使我深深感到不
安。坦白说，我对以求"真"为鹄的的今日"大学之道"是
欢迎的、绝不排拒的。美国 20 世纪哲学家怀特海（A. N.
Whitehead）说："有了科学，才有近代世界。"真是巨眼卓
识。事实上，有了科学，中国才有真正的工业化。而今之
世，衣、食、住、行莫不因科学而变得更好，生、老、病、
死的人生历程也莫不与科学有关。诚然，有了科学，中国才
有今日的现代文明。百年来，人的生活质素改善了，社会上
的贫穷大大减少了，人之寿命大大提升了。更深地说，科学
已使人更能像人了。所以，我要指出，我们习惯地把"科
学"与"人文"视为对立是不正确的，科学不但不是"反人
文""非人文"，科学恰恰是十分人文的人文。只不过，科学
是求"真"的人文，而不是求"善"或求"美"的人文（我
这个论点，请参考本书《大学教育的人文价值》一文），故
我对于求"真"的今之"大学之道"是欢迎的，绝不排拒
的。但是，我强调，如今之求"真"的"大学之道"取代了
古之求"善"的"大学之道"，或把古之求"善"的"大学之
道"扬弃了、边缘化了，则是我完全不能接受的。正因为此，

当我读到刘易斯（Harry Lewis）于 2006 年出版的 *Excellence Without a Soul: How a Great University Forgot Education*[1] 一书时，觉得是空谷足音，并引为同调。刘易斯是哈佛大学哈佛学院（Harvard College，即人文学与科学本科生院）的院长，也是电子计算机专业三十年的资深教授。刘易斯教授毫不含糊地指出，哈佛大学在科研和创新知识上是"卓越"的，但是哈佛大学本科教育上是失败的，已失去了"灵魂"。他认为哈佛已忘了什么是"好的教育"。大学的"好的教育"是大学有责任使学生的"脑"与"心"一起成长——使学生成为一个"学识与德性兼有的青年"。他批评哈佛说："大学已失去，诚然，已自愿放弃，它铸造学生灵魂的道德权威。"我必须说，刘易斯对哈佛的批评，同样适用于世界所有的"研究型大学"。实际上，现今的大学，特别的"研究型大学"无不偏重"知性之知"，而讲"德性之知"的道德教育都失位了。用我的话来说，现今的"大学之道"都只重求"真"的科学上的创新知识，而忘了古之"大学之道"是以求"善"为鹄的的"价值教育"或"道德教育"了。此所以近十余年来，我

---

〔1〕　该书简体中文版为哈瑞·刘易斯著，侯定凯译：《失去灵魂的卓越：哈佛是如何忘记教育宗旨的》，华东师范大学出版社，2007。——编者注

不断指出"今"之大学之道必须与"古"之大学之道兼重并举;大学对于真与善之追求是不可偏重偏轻的。

五

我之认为大学应该将古今之"大学之道"兼重并举,亦即应以追求"真"与"善"同为终极目标,实缘于我对大学之角色与功能的定位与定性。我多年来深信大学是推动中国现代化的基本动力,而中国现代化之终极愿景是建构中国的现代文明秩序。[1]因此,在建构中国的现代文明秩序的历史大业中,大学是最责无旁贷的。(试问还有比大学更应该或适宜担此责任者乎?)

我们知道,建构中国的现代文明,在最深与最全观的意义上而言,必须包括真、善、美三个范畴。故而从大学创新知识上说,它所创新的应该涵盖真、善、美三个范畴的知识;从大学教育的目标说,它所提供的应该涵盖求真、求善、求美的教育。在此,我特别指出,在中国文化的语境里,善与美这两个范畴应是相通相济的。中国人对一美好事物常会有"尽善尽

---

〔1〕 参阅金耀基:《中国现代化的终极愿景》,上海人民出版社,2013。

美"的赞叹，正透露善与美是相连不分的。蔡元培主持北大时，倡导"美育代宗教"，实质上是欲以美育来提振德育。（善与美的关系之诠释，请阅本书《蔡元培与中国现代大学范典之建立》一文。）因此，我上面所说兼重并举古今之"大学之道"，实是说大学之道应不只止于"至善"与"至真"，还包含有应止于"至美"之意。果如是，则大学传授与创新的知识，有"知性之知"（科学），有"德性之知"（道德），有"审美之知"（美学），从而大学将不仅可"卓越"亦可有"灵魂"矣。

六

在本书出版之际，我要特别一提的是，本书除了我的七篇讲演文稿外，还在附录中收入李怀宇先生与马国川先生的三篇访问稿及刘梦溪教授《百年以来教育的重大遗失》一文。

李怀宇与马国川两位是文化知识界当行出色的记者，他们在访问时对我提出的敏锐、深刻的问题让我有机会对"大学之为大学"这个大题目做了更多的思考与诠释，这是我十分感念的。刘梦溪教授的文章则是针对本书中《从大学之道说中国哲学之方向》一文所做的评论。我的那篇文字原是 2009 年香港中文大学哲学系成立六十周年研讨会的讲演稿，后由香港中文大学哲学系出版。2015 年，刘梦溪教授认为该文意义重大，将它发表于他所主编的《中国文化》春季号上，并且作了编者评论。坦白说，这篇编者评论是我所见对拙文最有深意精思的回响共鸣。钦佩之余，经征得梦溪兄之同意，特刊于本书。

七

《再思大学之道》一书，承相识相知二十年的林道群兄之安排，也由香港牛津大学出版社出版，与拙著《大学之理念》合而为我论述"大学"之作的姊妹篇。我感谢道群兄的雅意，并再一次对他这位编辑人的识见、巧思与情志，表示欣赏与钦佩。

2017 年春

蔡元培与中国现代大学范典之建立[1]

今天承中国文化书院、北大中国哲学与文化研究所与国风集团的邀请，作为"第八届蔡元培学术讲座"的主讲，我感到十分荣幸。

蔡元培先生是现代中国的一位伟大学人。1868 年生于浙江绍兴，1940 年 3 月 5 日逝世于香港。蔡先生安葬在香港仔山巅的公墓，这是香港的青山有幸。1978 年，我曾在蔡先生墓的修建竣工的春祭典礼中，参与北京大学同学会的公祭。事后，我还写了一篇《蔡元培先生象征的学术世界》的文章。[2]蔡先生对现代中国的学术发展有杰出贡献，今天我讲的题目是"蔡元培与中国现代大学范典之建立"。

---

〔1〕 此文原是应汤一介先生之邀，于 2005 年 7 月在北京大学中国文化书院所作"蔡元培先生讲座"的讲稿。当时我得了急症，痛苦不堪，但仍坚持做了简短的讲演，讲演毕，即承校方送北大附属医院治疗。翌日坐第一班早机，抵港后即直接送香港仁安医院做手术。当年汤一介、乐黛云伉俪及与会北大老师对我亲切照顾，记忆仍如昨日，而今我对原稿做大量增补之时，汤教授早已魂归道山，诚不胜感慨之至。2016 年 9 月 22 日，耀基志。
〔2〕 此文收入金耀基：《大学之理念》，台北 1983 年，香港 2000 年，北京 2001 年。

一

蔡元培先生是清末民初、20 世纪中国大转变过程中一位极具历史方向感的读书人，他在中国学术文化与教育转变中，提示了一个现代转向。蔡先生的贡献是多方面的，而他对中国的教育，特别是高等教育贡献最大、影响最深。他于 1917 年出任北京大学校长，1924 年离开北大。他在七年中，继首任校长严复之后为北大做了根本性的改革，使北大成为一所具有现代学术性格的中国大学。

北大原为京师大学堂，成立于 1898 年，1912 年改名北京大学。但在蔡先生出任北大校长时，这所高等学府固是维新运动的产物，已与传统的国子监有所不同，但仍是像个"衙门"。袁世凯还要把北大校长和教授称为"中大夫，下大夫"，而当时北大学生也多有以北大读书作为升官发财的敲门砖的想法。袁世凯死，蔡先生才以"我不入地狱，谁入地狱？"的襟怀出掌北大。蔡先生去当北大校长是有理想、有理念、有抱负的。他留学德国时，对西方的大学有深刻的认识，他意识到大学对于一个国家的教育、学术与文化的重要性，他意识到从教育入手，才可以使中国转危为安，救弱为强。（他认为救普鲁士之亡、统一德意志的盛业，皆发端于教育之革故鼎新。)他又有把北大办成世界一流大学的愿景与信念。在他就职那一年，也是北大二十周年校庆那一年，他就说，北大通过学科的改组，"所望内容以渐充实，能与彼国之柏林大学相颉颃耳"[1]。我们知道，1917年，德国的柏林大学是西方大学的重镇，也可说是西方现代大学的范典。那时美国的著名大学如哈佛大学、约翰·霍普金斯大学（Johns Hopkins University）都是到柏林大学取经的。从今天来看，蔡先生当年出任北大校长，提出新理念、改组学科，主要是借镜柏林大学的。北京大学之建立与改新可以说是大学现代化、全球化的一个组成部分。

二

蔡元培改革旧北大，建立新北大，实际上他所做的工作是为北大定性定位，也是为中国现代大学建立范典。他在北大的改革和建设是全方位的，从大学的治理结构，到科、系的设立，都是学术现代化的举措，也是与世界学术接轨的举措。我

---

[1] 梁柱：《蔡元培与北京大学》（修订本），北京大学出版社，1996，第41页。本文中所引蔡先生的文字大都见于梁著，故不再另注。

觉得最值得指出的是蔡先生所拥有的大学之理念与推行的政策，下面我分别予以诠释。

甲　倡导学术研究，为大学定性

蔡先生的大学理念中最突出与强调的是"研究"二字，这也是他以研究学问作为大学之定性的原因。他说："大学者，研究高深学问者也。""诸君须知大学不是贩卖毕业的机关，也不是灌输固定知识的机关，而是研究学理的机关。""大学生当以研究学术为天职，不当以大学为升官发财之阶梯。"

大学应以研究学问为核心功能，所以蔡先生说："凡大学必有各种科学研究所。"1917 年，北大的文、理、法三科的各个学门分别成立了研究所。

国人中，把大学之目的定为"研究学问""研究学术""研究学理"的，蔡先生是第一人。吕思勉在《蔡孑民论》一文中说："在他主持北京大学以前，全国的出版界，几乎没有说得上研究二字的。"（梁著第 177 页）这里，我要特别指出，把大学的目的定性为"研究学术"，而不是"灌输固定知识的机关"，那就超越了传统的传道、授业、解惑的范畴，而把重点放在创新知识、发展知识上了。蔡先生之特别重视"研究"，很显然是他留学德国时受到德国大学强调"研究"风气的影响。诚然，自 19 世纪中叶之后，德国大学在研究上领先世界，成功地进入科学世纪，德国大学遂也成为英、美大学模仿的对象。之后，美国的主要大学在大学部外建立研究院，可说是结合英国大学（特别是牛津、剑桥的大学本科教育）和德国大学（重科学研究，设立研究中心）的模式而成。美国这一大学新模式在 20 世纪俨然成为世界各国大学的范典，也是今日所称"研究型大学"的滥觞。蔡先生早在 1917 年北大改革时，就提倡"研究"，把大学定性为"研究学术的机关"，真正把握到现代大学的精神性格。20 世纪后出现"知识经济""知识社会"之说，大学更成为创新知识、发展知识最主要的重地。对当代大学之功能最有洞见的美国加州大学前校长克尔（Clark Kerr）在 1966 年指出，今日的大学已成为国家成长发展的焦点，正因为大学已是"知识产业"（knowledge industry）的重地。[1]

乙 "教育独立论"与新知识谱系

谈蔡元培先生的大学理念，自然不能不谈他的"思想自由"与"兼容并包"的主张，而这正是我在 1978 年所写《蔡

---

[1] Clark Kerr, *The Uses of the University*, New York: Harper Torchbooks, 1966, p. 58.

元培先生象征的学术世界》一文着墨最多之处。在这里，我只想讲他在倡导"思想自由"之外提出的"教育独立"的观点。蔡先生在 1922 年初发表了《教育独立议》一文，提出了教育独立的主张，他说："教育事业当完全交与教育家，保有独立的资格，毫不受各派政党或各派教会的影响。"就如梁柱在《蔡元培与北京大学》一书中所说，蔡先生之教育独立主张，在当时他反对的是军阀的黑暗政治和帝国主义的文化侵略，蔡先生说："教育是帮助被教育的人，给他能发展出自己的能力，完成他的人格，于人类文化上能尽一分子的责任；不是把被教育的人，造成一种特别器具，给抱有他种目的的人去应用的。"所以，他倡导的是"超然的教育"，是超然独立于政治和宗教的教育。

蔡元培先生在《教育独立议》中反对政治与宗教干预教育的立场是很容易了解的，但他要把宗教排除在教育之外，其实还有更深一层的理由，我认为这涉及他对知识之定性问题。他提出大学不必设神学科，但在哲学科中设宗教史、比较宗教学。同样地，他反对把孔教定为国教，且在他民初任教育总长时制定的《大学令》中，确定大学分为文、理、法、商、医、农、工七科，而且以文、理二科为主，而把经学科取消掉了。他认为原来京师大学堂规定的经学十四门，其中

《周易》《论语》《孟子》等已归入哲学门;《诗》《尔雅》已归入文学门;《尚书》《三礼》《大戴记》《春秋三传》已归入史学门,故已不必再设经学科了。蔡先生指出,把经科并于文科,"与德国新大学不设神学科相类"。应指出,德国新大学的新知识谱系是欧洲18世纪启蒙运动的产物,是根于理性、求真的科学的范典,现代大学成为社会学家帕森斯所说的"认知复合体"。这与欧洲的中世纪大学以《圣经》为知识的主要来源迥然不同。粗略地说,欧洲中世纪大学是求"善",现代大学是求"真"。以中国的学问之性质言,传统学问的中心亦可说是求"善"。简言之,传统的学问主要是学做人,钱穆先生说中国学问有三系,即人统、事统与学统,其中以人统最为重要,他说:"第一系统是'人统'。其系统中心是一人。中国人说:'学者所以学做人也。'"[1]无可疑的,中国传统教育所讲授的四书五经,是倾向于"人统"的学问,而中国传统学问中虽亦讲事统与学统,但相对而言,三统中的学统是较薄弱的。反之,现代大学教育则是突出学统,以科学为核心,学统是最重要的。社会家贝拉等指出,在美国研究型大学中,科学在知识之位序上已据主要地位,他们指此为"知识的科学

---

[1] 钱穆:《中国学术通义》,台北:学生书局,1975,第225页。

范典"。[1] 人统则边缘化，甚至在知识谱系中失去了位置。德国柏林大学之不设神学科，北京大学之取消经学科，其意义是完全相同的。一点也不夸大地说，这是大学的知识谱系的变换。蔡先生对中国大学的改革，实际上也是知识范典的变革。在这里，我想指出，蔡元培先生像那个时代新文化的倡导者胡适一样，对科学理性有一种绝对的乐观的信念，他的知识观是实证主义的，故他的知识范典是"知识的科学范典"。

丙 "以美育代宗教"与大学之价值教育问题

在西方，把神学科从大学学科中排除；在中国，把经学科从大学学科中取消：这是中西教育史上极重要的大事，但这恰恰也是现代大学以科学为知识范典所产生的结果。蔡先生主张把教育从宗教中独立出来，或者说把宗教从教育中排除出去，这对于欧洲中世纪大学（亦是今日大学的源头）来说是不可思议的。中世纪大学，如前所指出，是以《圣经》为知识主要来源，中世纪大学本身即是教会大学，是以"信仰"为中心的。而中国传统学校，自汉以来，即以经学为核心内涵。二者之最高目的都可说是求"止于至善"，故二者所重的学问都在

---

[1]　Robert N. Bellah et al., *The Good Society: An Introduction to Comparative Politics,* New York: Alfred A. Knopf, 1991, pp. 153-163.

道德教育、伦理教育或价值教育。无可讳言，道德教育在现代大学中的地位已变得暧昧、边缘化，甚至消失了。在今天的现代大学中，道德教育已被排除在"学科"之外，甚或成为课外活动的部分了。在一定的意义上，今天大学（特别是研究型大学）常被批评"精神失落""缺乏性格培育"之类，与现代大学中价值教育之失位是有关的。

蔡元培先生的大学理念对于道德教育与价值教育是怎么看、怎么处理的呢？蔡先生标举大学是"研究学理"的机构，但他却从未忽略大学的教育职能，也即培育学生的职能。讲到大学的教育，蔡先生是对德育与智育同样看重的。他认为大学是为共和培育有"完全人格"的人才。不过，我们注意到，蔡先生虽然不止一次地强调德育的重要，但他并没有在大学的知识范畴中为"道德教育"安顿一个重要位置。十分有意思的是，1918年，蔡先生在《北京大学日刊》发表《北大进德会旨趣书》一文，并亲自发起组织进德会。进德会以培养个人高尚道德为宗旨，但应注意的是，进德会是一种课外推动德育的组织活动，而并非以"知识"或"学问"作为大学学科的一个组成部分。其中最具创意的，无疑是蔡先生的"以美育代宗教"的主张。"以美育代宗教"的主张是蔡先生远在出任北大校长前就提出过的。在他担任北大校长后，北大文科就开设了"美学"和"美术史"的课程，而"美学"也是蔡先生主持北大期间亲身讲授的唯一一门课。把美育列入文科里，就是说美学是大学的"科学的知识范典"所认可的"知识"，也就是说美育的科目在现代大学的知识谱系中占有它的位置。那么，美育在蔡先生的心目中是怎样的一种教育，怎样的一种知识呢？

蔡先生说："教育的方面，虽也很多，他的内容，不外乎科学与美术。"他认为科学与美术二者是新教育的要纲，也即他赋予了美育与智育在新教育中最重要的位序。

蔡先生强调美的普遍性与超越性，他说："提出美育，因为美感是普遍性，可以破人我彼此的偏见；美学是超越性，可以破生死利害的顾忌，在教育上应特别注重。"蔡先生对"美育"发表过不少文字，当时学界有很多回响。他的美育亦称美感教育，而美感教育最重要的作用是"所以陶养吾人之感情，使有高尚纯洁之习惯，而使人我之见、利己损人之思念，以渐消沮者也"。梁柱认为蔡先生的美育"是要通过美感教育，激发、陶冶和完美人们的高尚感情，达到美与善的和谐的统一"。[1] 这是对蔡先生美育观很贴切的诠释。从这里，我们可以理解到蔡先生的"以美育代宗教"包含了一层"以美育作为德育"的意义。

---

〔1〕 梁柱：《蔡元培的美育思想及其在北京大学的践行》，《北京大学学报》（哲学社会科学版），2003 年 11 月第 40 卷第 6 期，第 6 页。

美育与德育属于美与善两个范畴，蔡先生显然认识到美与善是两个范畴，但二者是相通的。当代的李泽厚对美与善有很深刻的认识，他指出，在中国文化中，美与善有密切关系；以此，他有"以美储善"的说法。李泽厚说："中国传统是通过审美代替宗教，以建立这种人生最高境界。正是这个潜在的超道德的审美本体境界储备了能跨越生死不计利害的道德实现的可能性，这就叫'以美储善'。"[1]诚然，美与善在西方哲学中，也有被视作二而为一的。亚里士多德说："美是一种善，其所以引起快感正因为它是善。"康德也说："美是道德观念的象征。"[2]芝加哥大学的著名哲学家阿德勒（Mortimer J. Adler）在《六大观念》一书中，曾讨论美与善及美与真的关系。他特别指出美有同时接连真与善的特性。他说："所以美是一种适合于知识领域（我们从中发现真的领域）之内的价值，也是一种适合于欲求领域（我们从中发现善的领域）之内的价值。"[3]由于美有这样的特性，我们或可理解蔡先生为何在大学中不设神学科与经学科，而设美学课程。讲到美与善的关系，我注意到德国社会学家韦伯（Max Weber）与西梅尔（Georg Simmel）对美学与伦理学的

---

〔1〕 王生平：《李泽厚美学思想研究》，辽宁人民出版社，1987，第50—51页。

〔2〕 周宪：《美学是什么》，北京大学出版社，2002，第68页。

〔3〕 Mortimer J. Adler, *Six Great Ideas*, New York: Macmillam, 1981. 中译本为蔡坤鸿译：《六大观念》，台北：联经出版事业公司，1999，第116页。

看法，他们与同时代的蔡先生的美育观（"以美育代宗教"及"以美育作为德育"）有一定的亲和性。韦伯曾表示现代人倾向把道德的判断转变为品味（taste）的判断，并认为："对行为的道德评估转为美学的评估，是知识性时代一个共同的特征。"[1]西梅尔的社会学著作更是以美学为中心。在他看来，社会问题是一个伦理问题，同时也是一个美学问题。论者甚至认为，西梅尔对于社会世界，是以美学取代了伦理的观点。[2]总之，蔡先生的"以美育代宗教"的主张，是有心在以科学知识观为基调的现代大学中，为价值教育（美学）安顿一个位置，这是一个十分值得进一步去探讨的现代大学的教育问题。

三

蔡先生在大学知识谱系的建构方面，可以说是为中国学术文化提示了一个"现代转向"。他是一位极具现代意识的文化人。他所建立的中国现代大学的范典，其意义不只是知识性的，

---

[1] Max Weber, "Religious Rejections of the World and Their Directions", in *From Max Weber: Essays in Sociology*, Translated, Edited and with an Introduction by H. H. Gerth and C. Wright Mills, New York: Oxford University Press, 1946.

[2] David Frisby, *Sociological Impressionism (Routledge Revivals): A Reassessment of Georg Simmel's Social Theory*, London: Heirmann, 1981, p. 85.

也是文化性的。其中极具代表性意义的，是 1920 年蔡先生在北大开始招收女生入学这桩事。诚然，在新文化运动发生之前，自清末以来的现代化思潮已经逐步向中国传统礼教中男尊女卑的体制发出挑战。事实上，五四运动以前，西方教会已创办了北京协和女子大学（又称燕京女子大学）、南京金陵女子大学及福州华南女子文理学院。1919 年 4 月，一所国立的北京女子高等师范学校成立。但北京大学自建校以来一直只有男生，没有女生。蔡先生向来是新文化运动的支持者。在教育上，他主张教育普及与男女平权，力图破除男女界限，矫正轻视女子的恶习，尊重妇女的人格。在 1917 年，他还成为一所孔德学校的名誉校长，校中一百多位学生，女生比男生还多。所以，在 1920 年秋季，蔡先生主持的北大就正式招收女生，录取了九名本科女生，这并不是偶然的。北大当时虽然受到守旧势力教育部的压力，但蔡先生非常智慧地不把北大招收女生看作是"开女禁"的问题，他说："其实学制上并没有专收男生的明文；如招考时有女生来报名，可即著录；如考试及格，可准其就学；请从北大始。"蔡先生这一"请从北大始"便形成万山响应的效果，全国各地的公私立大学都一一跟着招收女生了。一个世纪过去了。今日海峡两岸暨香港、澳门的大学，可以说没有例外地，男女青年都享有接受教育的平等机会。不夸大地说，中国一百多年的现代化，其中最成功的就是妇女地位的升立，男女平等的思想已彻底改变了男尊女卑的旧观念，中国文化变化之大与变得更好者亦莫过于此。

四

蔡元培先生中国现代大学的建构是以欧洲，特别是德国的"现代大学"为原型的，蔡先生认识到大学的世界精神和国际性格。十分难得的是，蔡先生是新文化运动大潮里最有中道精神的。一方面，他极力主张学习吸收西方文化，另一方面则极力主张保有中国文化的主体性。诚然，他对中国文化基本上保持一种开放观与发展观，但他也说："今世为中西文化融合时代，西洋之所长，吾国自当采用。"又说："世运日新，学风丕变，吾国教育不能不兼容欧化。"所以，他在大学的学术和课程设计取向上，主张"贯通中西"。（梁著第 129 页）在主持北大时，蔡元培先生做了一件十分有意思的事，1926 年，他创立北大世界语研究会，兼任会长，大力提倡世界语（Esperanto）[1]，并在北

----

〔1〕 世界语之首创人是波兰籍犹太人柴门霍夫（Łazarz Ludwik Zamenhof）。他以希望博士（Dr. Esperanto）的笔名出版了一本俄语著作《世界语：前言及完全手册》，希望以人造的世界语来做沟通媒介。当时，哲学家罗素（Bertrand Russell）、卡尔纳普（Rudolf Carnap）都颇为推崇，中国的李石曾也予支持。

大开设世界语课程。蔡先生之推崇世界语，主要是为了与世界接轨，为不同文化之间构建交流与互动之便利，依同一理由，蔡先生也力倡对外国语（英文外，兼法、德、俄、意等国语）的学习与掌握。当然，掌握外国语与蔡先生之贯通中西的主张是一致的。尽管蔡先生毫不含糊地主张中国的学术与教育须与世界接轨，但他也始终坚持中国的主体意识。下面蔡先生对留学生的一段话十分清楚地表达了他的立场：

> 故人类分子，决不当尽归于同化，而贵在各能发达其特性……能保我性，则所得于外国之思想、言论、学术，吸收而消化之，尽为"我"之一部，而不为其所同化……所望后之留学者，必须以"我"食而化之，而毋为彼所同化。学业修毕，更遍游数邦，以尽吸收其优点，且发达我特性也。（梁著第 132 页）

蔡先生在 20 世纪初叶，已充分认识到中国需现代化，需学西方之所长，中国教育不能不兼容欧化，所以，中国的现代大学的知识谱系与传统时代大有不同。简言之，大学所设的科目绝大量的是"西学"，特别是西学中的科学，中国两千年来学问的核心已由经学转到"科学"。实际上，自蔡先生构建北大为中国的现代大学时起，中国的大学百年来已成为创造、生产、应用、传播、培育科学（不只是自然科学，还包括社会科学、生化科学及不同领域的专业教育等）的最重要的知识基地，这也使中国的大学成为中国"新文化"的基地，也使中国的大学成为中国现代化的根本动力。我们必须明白，中国现代大学里制造或教授的知识绝大部分是蔡先生那个时代所谓的"西学"（或欧学），但它们都已成为人类共有的资产。这当然涉及科学或学术普遍性的问题，那么，这与蔡先生所谓保有与发扬"我性"是什么关系呢？我是这样看的：发展科学是中国所必需，中国发展了科学，它不必会增强或减弱中国的"我性"，但它必然会丰富中国作为一个现代国家的文明内容。其实，从中国文化的发展观来看，西学，特别是科学，无疑也是现代中国的"新文化"的重要组成部分。试想如果百年的中国大学中没有了科学（教育），我们能有今日现代化的成绩吗？我们今日能在中国"现代文明"的建构上取得决定性的、阶段性的成就吗？

西学（特别是其中的科学）之入中国，其影响中国文明之深远，较之东汉后佛教之入中国尤甚。当时佛教进入中土，绝不能说增强中国之"我性"，但千百年来佛教已成为中国文化之重要组成部分，故佛教可以说是扩大了中国的

"我性"，也即扩大了中国固有（特别是孔子之后的）的文化。西学（特别是科学）之与中国的"我性"的关系，也应作如是观、如是说。

结　语

蔡元培先生是清末民初、中国历史巨变中一位极具历史方向感的读书人，他为中国的学术文化与教育提示了一个"现代转向"。蔡先生的贡献是多方面的，但他有最大贡献的是在教育，特别是高等教育方面。而他为北京大学的改革与创新，则为中国现代大学奠定了范典地位。我曾指出，中国一百五十年的现代化运动，"从经学到科学"是其中三个主旋律之一[1]，而中国的现代大学就是科学创新与发展的基地。自蔡先生主政北大之时到今天，科学已成为中国新文化的核心，使大学在中国现代化中发挥了最根本的动力，也使中国的现代大学成为中国现代文明构建中的柱石。蔡元培先生的名字与北大分不开，与中国现代大学分不开，也与中国的现代化分不开。

〔1〕　金耀基：《中国文明的现代转型》，广东人民出版社，2016。

大学之道：省思现代大学之理念 [1]

　　各位老师，各位同学，各位朋友，我是第三次来到东南大学访问和讲学。我今天一早起来就去看你们的老祖宗矗立在东大校园内的六朝的千年古松，我向它鞠了躬，它是东南大学的历史和精神。今天的这个"华英文化系列讲座"是东南大学著名校友、台北《中国时报》的创办人余纪忠先生捐资设立的。我认识余纪忠先生几十年了，我有不少有关文化政治与中国现代化的文章在他的报上发表。余先生一直以来为新闻自由、为新闻独立奋斗不懈，为台湾的民主发展

---

〔1〕　此文原是 2008 年我在东南大学人文讲座中的讲演，本文初稿由唐瑭整理，蒋烨彬、俞烨彬修订。2014 年我对原文又做了颇多增删。在此，我要对为我的讲演做整理的唐瑭女士表示谢意。当然，我对三度安排我到东南大学讲演的陆挺先生更要致上最诚挚的感激。的确，是陆挺兄热诚与探索真知的执着让我对"大学之理念"不断省思，且有不无自得之乐。

与建立做出了很重要的贡献。我能来做"华英讲座"非常
荣幸。

一

我演讲的题目是《大学之道：省思现代大学之理念》。
"大学之道"的"道"，是指大学之路，也可以说大学之目的、
大学的理念；再讲明白一点儿，就是大学是做什么的，大学是
什么，大学是为了什么。我想就这个题目跟大家谈谈，而我特
别要讲的是古今大学之变，古今的"大学之道"之变。对现代
大学之理念的省思，是我此讲的中心。

"大学之道"这四个字源自中国的一部经书《大学》。这
是中国古代的"圣典"。古今中外，每个社会、每个文明都有
其具有神圣性的典籍，即"圣典"（sacred books）。在西方，
《圣经》就是圣典。在中国，汉之后的五经（《诗》《书》《礼》
《易》《春秋》）是圣典。宋之后，五经之外又有四书（《论语》
《孟子》《大学》《中庸》），亦为圣典。《大学》是从《礼记》里
面分出来的。《大学》开卷就讲"大学之道"。在这里，特别
要指出，中国古时候的高等教育机构不叫"大学"，而叫"太
学"。在传统中国，"大学"是指大人、成年人之学，以区别于

小童、小孩之学。汉代的太学是公元前 124 年设立的，假如我们把中国现代的大学和古代的太学连在一起的话，那全世界最古老的大学可能就在中国了。牛津、剑桥就被远远比下去了，因为相差一千二百多年。牛津、剑桥这两所起源于中世纪的西方伟大学府最喜欢比谁的历史更悠久，所以大家都吹牛，你怎么老，我怎么老。比谁"更老"是二校的"校际运动"中甚有乐趣的比赛（可看看我的散文集《剑桥语丝》[1]）。前面提过，如果把中国的太学算进去的话，那我们更是老得不得了了。（笑声）北大校长胡适之先生被邀参加美国有两百年历史的哥伦比亚大学艾森豪威尔就任校长的大典，哥大邀请了许多外国的大学校长去观礼。而一大批校长在典礼进行时是要排队入场的，最老的学府排在最前面，最年轻的学府排在最后面。结果胡适排得并不太前，心里不免有些嘀咕。应该指出，胡适认为中国的现代大学与汉代的太学是有历史承续性的。但在这里，我想指出，中国的现代大学（如北京大学、东南大学），不是从古代的太学纵向继承下来的，它们是维新改制运动中，从西欧横向移植过来的。据我所知，这是中国现代大学制度奠基人蔡元培先生的看法。我是认同这个看法的。

---

〔1〕 金耀基：《剑桥语丝》，生活·读书·新知三联书店，2007。

中国传统时代有汉代的太学和后来的国子监，这与有一千四百年历史的科举制度是分不开的。同学们也许对中国科举制度不太了解，但我告诉各位，科举制度与中国传统的教育制度、文官制度是有机地结合在一起的。四书五经是教育的核心内容，而科举取士的考试也就是以四书五经为主的。简言之，科举制度是中国传统的帝国体制的核心组成。1905年，清廷下诏"废科举、设学校"。要知道，这是中国近代史上的一件大事，跟1911年辛亥革命的重要性相比一点儿都不小。我们可以说这是清廷受维新运动影响，在历史学者的所谓"晚清新政"中所做的一件大事。曾翻译了《天演论》，也是北大改名后第一任校长的严复认为，清廷之废除科举可比秦代"废封建，置郡县"，是两千年国史中莫大之举动。我要说，"废科举、设学校"，代表着中国现代学术文化的大转向——转向现代。我曾用"从经学到科学"来描述中国学术文化的现代转向。中国自汉之后，经学（四书五经）是中国教育、科举考试的元素。冯友兰认为中国学术文化两千年来为"经学时代"，这是很正确的。清末经学时代告终了，我要说，中国自此之后走上了"从经学到科学"的道路。19世纪末20世纪初，中国以儒家四书五经为根本的教育制度渐次结束了，以科学为根本的西方式的现代教育制度渐次展开了。自此，中国士大夫阶层退出了历史的舞台，新的越来越庞大的知识阶层出现了。这是中国学术文化史上翻天覆地的大变化。

废科举后就是设学校，学校（小学、中学到大学）是怎么设立的？基本上是取法西方的。中国废了科举，新的学校起来了，这是中国维新的产物，也是中国学术、教育现代化的新事物。站在 21 世纪的前端，回眸 20 世纪，我们知道中国现代化运动是一漫长的革命，其中"从经学到科学"是中国现代化工作中最根本的一个组成部分，它也是中国新文明（也即工业文明或科技文明）的核心动源。而"从经学到科学"这一学术与文化的转向则是靠中国的新教育制度，特别是大学制度来展开的。中国有现代大学已经一百多年了，大学纵然是从西欧移植到东土的，但大学已经是中国的制度了。就像佛教是印度的，但现在绝对是中国的宗教，所以大学是百年来中国化了的现代教育制度。我认为一百年来在中国建构的种种新的制度当中，大学相对来说应该算是成功的。百年来，大学在中国的发展，道路是崎岖的。民国初年特别是北伐后所谓"黄金十年"，大学确有很不错的发展，但此后在抗日战争及国共内战时期，则遇到重大的挫折。至于"文化大革命"时期，那是一个极端反知识、反文化的阶段，大学变成造反的基地、斗争的基地，"文革"十年，是中国大学的大劫难。那个时候的情势是非常险峻的，大学都变成那个样子了，中国还有什么前途呢？不过中华民族、中国文化的生命力是十分强大的。"文革"结束，改革开放，重启中国现代化，三十年来发生了翻天覆地的变化。中国的大学展现了新的生命与活力，这才让人对中国的未来可以有新的憧憬啊！

二

下面我就要讲"大学之道"。我要指出"大学之道"有古今之异。我刚才说过了，汉代有太学，以后是国子监。大家知道科举制度，在明朝有两条路，一条路是考乡试、考会试、考殿试，做进士。清末小说范进中了举人就不得了了，进士当然更高，殿试之后才做进士的。我有的时候想，生活在17、18世纪的时候也不错，能考取一个进士，中了状元，光宗耀祖，那是很神气的。现在大学里拿了博士，也没有什么嘛。（笑声）过去我们培养的是"士"，现在做官则是做公仆了。你们从这些小地方可以看出我们今天时代的真正变化。明朝还有一条路叫"贡举"，就是由从地方府、州、县里面的生员中选拔出来送到了国子监。"贡举"的学生是从地方来的。"贡举"的学生特别要道德好、操行好。他们在国子监经过一番训练之后，又把帝国中心（文化中心地带）的价值观念带到地方去。由地方来，又回到地方去，这就使得全国的道德价值标准贯通起来。所以，传统的太学或国子监主要是"养士之所"。它的主要功能是什么呢？用梅贻琦先生的话来说，过去的太学或国子监是"一个教化的重镇"。说它是一个教化的重镇，这是强调了太学之使命是维护、传承和创造一个社会的文明秩序。讲到底，一个社会最终要有一个文明的秩序，而过去的太学是教化或塑造文明秩序的重镇。

今天的大学也应该这样看，它应是一个教化的重镇，它对社会文明秩序的塑造也有一个非常重要的责任。"大学之道，在明明德，在亲民，在止于至善。"清华大学的老校长梅贻琦先生在1941年写了一篇文章《大学一解》，就是对大学的一个解释。他对"大学之道"提出了一个很精致的分析。他说大学有八条目，从其目的来说，格物、致知、诚意、正心、修身属于"明明德"，齐家、治国、平天下属于"亲民"。这是梅贻琦先生对"大学之道"的解释。这里我要特别说说。"明明德"是什么？是修己。修己的功夫是整个人格的修养，它包括了知识、情绪、志向各个方面，有知识教育，也有品格教育。"亲民"是什么？"亲民"就是大学生自己做好准备做公民，自己先做好公民，然后可以去服务社会，可以治国、平天下。"明

明德"了，"亲民"了，最后是"止于至善"。"至善"是教育
的终极目的，它是指一个有道德、讲伦理的文明秩序。东南大
学的校训就是"止于至善"。为什么要讲"止于至善"？因为
在中国过去学问中最重要的是"德性之知"，是讲"做人"的
学问，是讲建立良好社会秩序的学问。这跟"做事"的学问、
"做学问"的学问不一样。钱穆先生说，中国学问最重视的是
"做人"的学问，这是建立人间社会的道德秩序的学问。《大
学》里讲"大学之道"是"止于至善"，道理就在这里。

欧洲的中世纪大学是西方现代大学的源头。中世纪大学
是基督教的产物，它与教会是不能分开的。中世纪大学是建立
在宗教上的一个模式，它最主要的知识来源是《圣经》。它的
基本的精神表现是信仰（对《圣经》的信仰），可以说它也是
以"止于至善"为终极目标的。

现代大学是从 19 世纪开始的。19 世纪的欧洲受到了 18
世纪启蒙运动的影响，德国的大学首先出现了新的取向。新大
学的基本精神不是信仰，而是尊理性、求真理。它最讲求的是
科学的精神、理性与客观性。中国过去的太学修读的是四书五
经，这是经学。经是圣人之所作，是神圣不可侵犯的。韩愈
说："曾经圣人手，议论安敢到！"所以基本精神也是信仰。
但一百多年来，中国现代大学所修读的主要是科学，不是经

学，所重者是理性、怀疑精神、批判精神，是以追求真理为终极目标的，这是现代大学的基本理念。

现代大学有一个很特殊的功能，就是创新知识。现代大学讲学问的钻研、知识的创新，这是传统的大学在教学之外的新功能。今天讲"大学之道"，不重视创新知识是不行的，这个新功能是德国大学从19世纪开始的，我在《大学之理念》（1983）里面已谈了大学重视创新知识，就是现代大学把创新知识跟传授知识同样视为大学之责任了。韩愈的《师说》里讲"师者，所以传道授业解惑也"，教师的责任是传道给你，但不是去创造个"道"。但是今天大学教师的责任却不光是传道，还要去创造道。重视研究、重视创造知识是19世纪德国大学的新功能，之后德国模式传遍了欧洲与美国。很妙的是，差不多同时，德国模式也经蔡元培先生传到了中国，所以中国的"现代大学"其实是跟英美的现代大学几乎同时出现。

到了第二次世界大战前后，大学又出现了一个新面目、新种属——研究型大学（research university）。它最早在美国出现，是现代大学中最突出的一个形态。这是结合了英国（本科教育）与德国（研究所）大学而形成的大学新形态。不是所有的大学都是研究型大学。譬如说美国加州的高等教育至少可以分三类：一种是 University of California，它有伯克利分校、洛杉矶分校等，这都是研究型的；然后有 California State University，这种基本上以教学为主，当然也讲研究的，只不过研究的比重不是那么大；再下面就是 Community College，就是技术性的学院，是两年制的。研究型大学现在已成高等教育里最重要的、最核心的制度。今天中国也强调研究型大学，香港中文大学是研究型大学，东南大学也是研究型大学。其实研究型大学在蔡元培先生担任北大校长时就已奠定基础了。蔡元培到北大做校长是 1917 年，那时北大成立已经有一段时间了。北大的前身是京师大学堂，那还是一所又中又西、不古不今的学堂。两年前我在北大，在中国文化书院和北大的中国哲学文化研究所合办的"蔡元培讲座"，做了一个名为"蔡元培与中国现代大学范典之建立"的讲演。[1] 我认为中国现代大学的范典是他建立起来的。北大的前身——京师大学堂是从 1898 年开始的。虽然京师大学堂是一个维新的产物，可是它还是像一个衙门，袁世凯甚至把北大的校长称作"中大夫"，教授称作"下大夫"。蔡元培对袁世凯是非常不满的。蔡元培本身国学学养深厚，曾是清代翰林，他留学德国，对西学亦有深刻的修养，特别对德国大学的新精神最有研究。

〔1〕　见本书第一篇文章。

辛亥革命后，他受知于孙中山先生，曾任中华民国临时政府的教育总长，对中国的新大学有全盘规划。袁世凯死后，他更以"我不入地狱，谁入地狱？"的悲愿决心出任北大校长。因为他意识到一国之学术可以影响到国族[1]的兴衰。蔡元培先生所做的第一件事就是替北大做了一个大学的定位。他说："大学者，研究高深学问者也。"他说大学不是贩卖文凭的机关，不要拿着这个文凭去做官；大学也不是灌输那些既定的思想给你的，而是研究学理的机关。蔡元培先生讲"研究"这两个字，真是何其沉重，又何其清新。在中国人当中，真正提出"研究"这两个字的，蔡先生是第一人。当然，他是受德国新大学的学术取向影响的，他把大学定位为"研究学术的机关"。

我为什么讲这些？我想指出的是蔡元培先生把握到了现代大学的精神性格。今日的"研究型大学"也是从这里发展过来的。重研究就是重知识之创造，而不是灌输固定的知识。所以现代大学既不同于传统时代的太学，也不同于西方的"中世纪大学"。

大学越来越成为创造知识的源泉、国家发展的动源所在。

---

〔1〕 "国族"（nation）一词大陆地区一般翻译为"民族"，不过从英文"nation"的本义来说，并非一个民族（ethnic group，同文同种的族群）作为一个国家，而是一国（包含多民族 / 族群）作为一个民族，因此本处保留"国族"一词。

关心国运的人不能不重视一个事实，就是今天大学办得好不好，关乎三十年、五十年后国家的强弱。如果不能出现一批真正高水平的大学，哪会有什么"中国世纪"的可能？不可能的。知识来源于大学，当然不能说完全，但知识之创新主要源于大学；在今日的知识经济、知识社会的时代，知识更是力量的根源了。在这里，我要指出，大学讲学术自由，应该有自由去创造知识，但大学有学术自由，也要有学术伦理。我们东南大学的同学一定不太喜欢美国白宫的那位宣扬单边主义的"牛仔总统"布什。但他有些作为，你们可能赞成他，比如说他禁止人类基因方面的研究，而美国有一些大学就要研究。我想这位总统是怕真的制造出新人类来吧！不知道将来你们中的一位男同学会不会遇到一个女孩子，问："你喜欢我吗？"回答："喜欢。""我是基因改造来的呀，你不介意？"答："不介意，我也是基因改造来的。"（笑声）大学要研究什么东西？要创造什么知识？哈佛大学校长博克（Derek Bok）在哈佛大学三百五十周年庆典的时候就讲到大学有很多东西是不可以做的，其中之一就是大学不可以变成国家的军事机器。美国有一所大学，参与一个涉及推翻一个南美洲国家的研究计划，就受到很大的质疑与批判。像这些事情就触及大学的学术伦理，也关乎"大学之道"了。这是说，做学问，创新知识也是要有"道"的。

三

　　《大学》里说："大学之道，在明明德，在亲民，在止于至善。"我要指出，这是古代的"大学之道"。在今天科学理性的精神气质的张扬下，现代大学的"大学之道"已发生质的变化了。怎样的变化呢？我认为已变成"大学之道，在明明理（明科学之理），在新知（创科学之新知识），在止于至真（科学之真理）"。在大学实际运作中，"止于至真"已成为今日大学的终极目标。今天的大学已成知识创新的主要源泉。我们问，在今天的"知识经济""知识社会"中，经济与社会所赖以运作的知识从哪里来？是从大学来的。现代大学的重要性在这里表现得很清楚。以前传统的大学没有这个功能。牛津、剑桥是那么好的大学。但是你要知道，英国虽是第一个工业化国家，但工业革命的源头发生在哪里？发生在牛津、剑桥的校门外，而不是在大学的校门内，跟牛津、剑桥没有关系。但20世纪的科技革命、近今的信息革命，美国的大学，特别如麻省理工学院、斯坦福大学等就是有直接贡献的。知识已经直接影响到经济、社会、国防等全方位的发展，大学已是一个发展"知识力"的重地，这个"知识力"基本上决定了一个国家的国力。

　　现代大学（特别指研究型大学），以知识之创新为核心功能。但大学之为大学，也必以培育人才，亦即以教学为其核心功能，否则大学就成为研究机构，不再是教育机构了。正因如此，如何平衡研究与教学，如何使二者兼顾、相济相成，对大学来说是极有挑战性的。我前不久看到一本书，更加重了我对"大学之道"的省思。在 2006 年，有个叫刘易斯的人写了一本书 *Excellence Without a Soul*，中文为《失去灵魂的卓越》，书的副标题叫 *How a Great University Forgot Education*（意思是一所伟大学府怎么会忘了教育）。

刘易斯是哈佛大学电子计算机的讲座教授，他也是哈佛学院（负责哈佛的本科人文与科学教育）的院长。刘易斯这本书批评的一所伟大学府不是别的，正是他做了八年院长、三十多年教授的哈佛大学。他认为哈佛大学半个世纪以来，在研究、在创新知识上，确是十分卓越的，但是哈佛这所伟大的学府却忘记了对大学生应担承更重要的教育任务（角色）。他说哈佛忘记了"帮助他们（学生）成长，帮助他们寻求自我，帮助他们寻求生命中更高的目标，帮助他们毕业时成为更好的人"。他认为大学的教育责任是"使学生的脑与心一起成长——使学生成为一个学识与德性兼备的青年"。他批评哈佛"大学已失去，诚然，已自愿地放弃，它铸造学生灵魂的道德权威"。刘易斯甚至说"哈佛已不再知道什么是好的教育了"。此书之所以值得重视，因为作者对哈佛之批评完全可以适用到其他研究型大学。往深一层看，他所触及的问题，绝不是大学重研究轻教育的问题，而是大学教育中所提供的学问（知识）之性格的问题。简言之，大学（特别是研究型大学）所重的是"知识之学"，而忽视了"德性之学"了。

我们再来看古代中国的教育。简言之，四书五经是中国古代教育的核心内含。基本上讲的是德性的学问，是一种"希圣希贤"——希望做圣人，希望做贤人——的学问，讲得白一点儿就是讲做人的学问。我们说"读圣贤书，所为何事"就是这个意思。古代的经书，大多可以视为一种"价值之学"，是讲价值的学问，是讲"大学之道"所说的"明明德""止于至善"的学问。我退休之后，有了时间看 DVD，我总算看了整部韩剧《大长今》，拍得真好。李英爱演的大长今形象地展现了韩国文化所塑造的一个完美的女性，显然大长今也正是中国文化中的理想女性，中韩文化都有儒家一脉。后来我又看了一部《医道》、一部《商道》，都很好看。为什么我要讲《商道》和《医道》？因为《商道》和《医道》所讲的，一句话概括就是"最重要的是做人"：要做一个好医生，先做好一个人；要做一个好商人，先做好一个人。这是讲做人的学问，这也是中国传统学问的核心。我们现在大学的问题是知识的性质变了，过去的学问是讲品格教育的知识，是讲做人的德性之知；而我们今天大学已经不讲"明明德"的教育了，这也是刘易斯批评哈佛不讲道德教育、不讲价值教育的原因。现代大学所重的知识是科学的知识，是知性的学问。哈佛大学著名的社会学家帕森斯，认为现代大学是一个"认知复合体"，大学所追求的是科学的真理，而不是做人的道理。

毫无疑问，求"真"是现代大学应有的伟大理念，也应该是今日的"大学之道"。求真的知识，无逾科学，科学（包含科技）是人类进入近现代文明的动力。事实上，今天它越来越有力地在塑造人类新文明的性格（科技文明）。20世纪是科学大发展的世纪，而大学则是最重要的基地。完全可以理解的，科学在现代大学（包括中国的大学）居于绝对显学的地位。在今天的中国，科学已取代了传统时代经学的位置，此我所以说中国今日的"大学之道"已由追求"至善"变为追求"至真"了。必须指出的是，我这样说是对中国现代大学精神性格的一个客观的描述。坦白说，我对古今"大学之道"之变是感到不妥、不能满意的。当然，现代大学求"真"之理念是完全正当、完全值得拥抱的。但是，求"真"之理念不能取代大学求"善"之古典理念。现代大学之理念，应该并且必须以"至真"与"至善"同为大学之道的终极鹄的。

四

现代大学之理念之所以应该并且必须以"至真"与"至
善"同为大学之道的终极鹄的，这是因为大学在一个社会中被
赋予的角色与使命所使然，不得不如此。是的，大学的主要职
能是创造知识、培育人才，但从根源上说，大学是"教化的重
镇"，是维护、传承与创新文明的重地。简言之，大学是文明
之所寄。那么，有哪一个文明社会可以没有道德的秩序？有哪
一个可以称得上文明的文明，是可以不讲"善"的？基于此，
现代的大学之道在追求"至真"外，不能不同时追求"至善"
的境界。上面我说过，大学已是一个"知识力"的重地，知
识力基本上决定了一个国家的国力。我认为现代大学求"真"
的知识力主要是科学的知识力，借用奈伊（Joseph S. Nye, Jr.）
的话，科学所展现的主要是"硬实力"（特别是军事、经济），
而大学求"善"的知识力所展现的是"软实力"。古人所说的
"以德服人"，这个"德"即是文化的软实力。

今天大学之问题，如刘易斯所指出的，从根本上是因为
求"善"的知识在大学中常常被冷待或边缘化了。那么，孰令
致之，谁实为之？怎会出现这现象呢？简单说，科学在大学
当阳称尊后，一种唯科学知识才是知识的观念成为主流思维，

这也就是社会学者贝拉等在《好的社会》（*The Good Society*,
1991）中所批判的"知识的科学范典"。须知，科学是一种
建构理性的、讲客观规律的知识，它是一种"理论的知识"
（theoretical knowledge）。科学讲"is"（实然），不讲"ought"
（应然）。因此，当科学成为知识的范典时，讲"应然"的道
德、伦理或价值的言说，其"知识性"就受到质疑。但是，我
们必须指出，唯科学知识才是知识的知识观，是知识性格的狭
窄化，也是一种站不住的知识观。我们必须承认科学只是知识
的一个类型，科学不等于知识，也即必须了解知识是多维度
的，是有多种属性的。求"善"的知识与求"真"的知识是属
于知识不同的维度与属性的。当然，求"美"的知识也有独有
的知识维度和属性，我在这次演讲中未能展开这方面的讨论。

在这里，值得特别一提的是，希腊哲学家亚里士多德就
指出"理智的理性"所运作的科学知识外，还有"实践理性"
（practical reason）所运作的"实践知识"（practical knowledge）
或"价值知识"。亚里士多德把"实践知识"与"理论知识"
区别开来，受到当代理论家伽达默尔（Hans-Georg Gadamer）
的无上推崇。著名哲学家普特南（Hilary Putnam）在《意义与
道德科学》（*Meaning and the Moral Science*, 1978）一书中毫无
保留地说：

我认为亚里士多德视伦理学是关乎人之如何活及人之快乐的知识是无比正确的。他视这种知识（实践知识）不同于理论知识也是无比正确的。在我看来，如果我们想对我们自己或者对科学有一种清醒与人性的观点，那么，一种承认知识之领域是大于科学之领域的知识观就成为一种文化上的必须了。[1]

五

今天我讲"大学之道：省思现代大学之理念"，主要是指出中国的现代大学之建立是中国学术文化的"现代转向"的一个标志性事件。它标志了中国的学术文化"从经学到科学"的现代转向，它是百年来中国现代化运动的一个核心组成。中国的现代大学是欧洲移植过来的，但它已经在中国生根和制度化了。在今天"知识经济""知识社会"的时代，知识力基本上决定了一个国家的国力，而大学已是一个发展知识力的重地。

---

[1] Hilary Putnam, *Meaning and the Moral Science*, London: Routledge & Kegan Paul, 1978, p. 177.

我今天特别指出，"大学之道"的古今之别，不论是中国或西方，古典的"大学之道"都是以追求"止于至善"为终极鹄的的。欧洲中世纪大学是以宗教、《圣经》为教育核心的，中国古时的太学、国子监则是以四书五经为教育的核心的。而现代的大学，不论中西，"大学之道"已转到以"止于至真"为终极目标，现代大学自觉或不自觉地以科学为知识之范典了。科学（科技）之重要性是毋庸置疑的，它在促进中国的发展与进步上起了最关键性的作用。但是唯有科学才是知识的知识观却造成了大学在学术与教育上的严重失序。最明显的是，大学中求"真"的科学知识得到了高度张扬，而求"善"的知识却被放弃或边缘化了，这是我们今日大学世界性的大问题。今天所讲的中心意思是：中国现代大学之理念应该并必须以"止于至真"与"止于至善"同时作为大学之道的终极目标。说到底，大学是一国教化之重镇，大学是维护、传承与创新文明的重地。简言之，大学为文明之所寄。那么，大学要维护、传承和创新的文明必须以"至真"与"至善"为追求不懈的境界。我要说，大学中科学的求"真"的知识力，是文明的硬实力，而大学中求"善"的知识力则是更重要的"软实力"。

谢谢大家！

从大学之道说中国哲学之方向[1]

今天是香港中文大学哲学系建系六十周年、新亚书院建院六十周年，也是新亚哲学系创立人唐君毅先生百岁诞辰。我从中大退休有年，今应邀为哲学系研讨会讲话，甚感荣幸。对于哲学，我是门外汉，却是爱好之人。今次会议以"中国哲学之新方向"为主题，我注意到"新方向"的英文是"New Directions"，用了复数，也即是说应该有多元发展的可能性。我现在试从"大学之道"来讲中国哲学之方向。

---

[1] 此文根据 2009 年香港中文大学哲学系建系六十周年时在哲学系研讨会上的讲话记录修删补充写成。

一、大学之道与中国的经学时代

首先，我们讲大学之道。大学之道是讲大学之理念、大学之目的。在《大学》一书中，开卷即说："大学之道，在明明德，在亲民，在止于至善。"这是大学之"三纲领"，是与大学之"八条目"（格物、致知、诚意、正心、修身、齐家、治国、平天下）紧紧联系的。而这三纲领清楚地以"至善"为大学终极之目的。

需要说明，大学之道的"大学"并非指今日的 university，而是指"大人之学"。"大人之学"之对是"小童之学"。古人八岁入小学，学识文字及洒扫应对之事，十五岁则开始"成人"或大人之学，所学为上述之"八条目"。自董仲舒倡独尊儒学后，孔子所以教人之六艺（《诗》《书》《礼》《乐》《易》《春秋》），即成为儒家之经典。至宋代，更以《论语》《孟子》《中庸》《大学》为"四书"。四书具有经典之地位，其权威且在六艺之上。自此之后，四书五经（《乐》已失传）遂为读书人尊奉之经典。中国古时之高等教育机构，从汉之太学到后代之国子监，皆是国家养士之所，类近今日之大学。其攻读钻修者，固以四书五经为核心内容，而一千三百年的科举取士，所考试者亦以儒家之经典为主。故自汉以迄清末，从学术思想上言，如冯友兰所言是中国的"经学时代"。[1]

在两千年的"经学时代"，中国读书人读书应试是以儒家之经学（四书五经）为主的，讲的是从修身而齐家而治国而平天下的学问，其核心是成德之学，根本上是"做人"之道，是建立社会之道德秩序之道，一言之，即是"大学之道"。钱穆先生指出中国的学问传统向来有三大系统，他说：

> 第一系统是"人统"。其系统中心是一人。中国人说："学者所以学做人也。"一切学问，主要用意在学如何做一人，如何做一有理想有价值的人。

> 第二系统是"事统"。即以事业为其学问系统之中心者。此即所谓"学以致用"。

> 第三系统是"学统"。此即以学问本身为系统者。近代中国人常讲"为学问而学问"，即属此系统。[2]

----

[1] 冯友兰：《中国哲学史》，商务印书馆，1947，第485页。
[2] 钱穆：《有关学问之系统》，见《中国学术通义》，台北：学生书局，1975，第225—226页。

钱先生显然是认为"人统"是中国学问的根本。相对地说，"学统"是比较不发达的。唐君毅先生也认为中国没有一个所谓"认识心的主体"，因此没有发展出真正的学统。中国学问重视"人统"，即"学如何做人"。换言之，中国重视的学问是"做人的学问"，这种学问是指德性之知，不是理智之知，也就是《大学》所讲的"明明德"的学问；用牟宗三先生的话，这是"生命的学问"。[1]

二、"从经学到科学"：大学之道之变

中国的"大学之道"到了20世纪发生了变化。这个变化与中国学术性格之转换是密不可分的。中国学术性格出现了一个"从经学到科学"的主轴性转换。

1905年，清王朝覆亡前几年，清廷下诏"废科举、设学校"，这是力图求存的"晚清新政"的一项大举措。此举固然挽救不了清之覆灭，但无疑是中国百年现代化运动中一桩大事件。"废科举、设学校"，不啻是宣告了"经学时代"的结束。士大夫这个阶层从此退出了历史的舞台，而"西学"，特

---

[1] 牟宗三：《生命的学问》，台北：三民书局，1970，第37页。

别是"科学",也因此进入中国的新教育的视域。诚然,作为中国的新高等教育机构的大学制度,也是从欧洲移入中土的。大学取代了传统的太学、国子监。须特别指出者,中国从欧洲移植的大学制度,是欧洲的新的大学制。欧洲的中世纪大学绵延近千年,到了19世纪,德国的大学首先推行改革,倡导科学研究,创造新知识,把以宗教为本的"尊信仰"的中世纪大学转化为以科学为本的"尊理性"的现代大学。德国大学最大的改革是把中世纪大学的核心——神学(《圣经》)——用科学取代了。讲到这里,我想指出,中国现代大学的范典奠基人蔡元培先生于20世纪初留学欧洲,他考察接触到的正是开西方大学新风气的德国现代大学。无疑,德国柏林大学是他日后铸建中国的现代大学的参照范典。1911年辛亥革命后,蔡元培在临时大总统孙中山领导的政府中担任教育总长之职,他在任内颁布《大学令》,废去"忠君""尊孔"等信条,确定大学分为文、理、法、商、医、农、工七科,以文、理为主,取消经学科。民国元年(1912),严复任北京大学(原京师大学堂之改称)首任校长,将经学与文科合并。1917年蔡元培任北大校长时说:"民国元年,[北大]始并经学于文科,与德国新大学不设神学科相类。"〔1〕应说明者，所谓"并经学于文科"是指就经学内容性质，选择地分别收纳到哲学、历史与文学中。这个"合并"在学术思想上是革命性的，因为经学的独立身份与主体性已经消失，当然也没有了圣典的光环。冯友兰在《中国哲学史》中说："于是此二千年来为中国人思想之君主之经学，乃始被革命而退位。"〔2〕在一定意义上，中西的现代大学在学术性格上出现了一个范典式的转换。在中西的现代大学中，科学分别取代了经学与神学而践学术之主位。自20世纪初到今天21世纪，我们从学术思想与文化的性格与发展来看，中国结束"经学时代"后，进入一个新时代，就是"科学时代"。其实，这是一个世界性的变化，西方也已从"神学时代"转到"科学时代"。现代大学，无论中西，已无圣典，诚如里斯曼（David Riesman）所说，大学已成为"世俗的学术殿堂"了。

在20世纪，科学（包括科技）发展之大与速是史无前例的。博尔丁（Kenneth E. Boulding）在他的《20世纪的意义：大转型》中指出，20世纪之意义在于人类文明之第二次大转型，

---

〔1〕 见梁柱：《蔡元培与北京大学》（修订本），北京大学出版社，1996，第41页。
〔2〕 冯友兰：《中国哲学史》（上册），台北：商务书馆，1993，第489页。

而科学（科技）则是这个大转型的基础。他最有洞察力的观察是：20世纪科学之崛起，根源于一个事实，即科学（活动）已成为社会实质的有机的组成部分，科学之研创是科学工作者在专业及全天候的基础上进行的。[1] 我在此进一步提供一个科学在 20 世纪为何突飞猛进的解释：这是因为现代大学的制度创新。现代大学，今日世上有规模的现代国家，无不有百千所之数。它们为各门各类有专业训练的学者提供长期性的教研职位，这数以万千计的教师，除了教学之外，便是在专业基础上，全天候地从事学术与科研的工作。这也是为什么 20 世纪有如许丰硕的科研成果，这也是为什么 20 世纪有知识爆炸的现象。诚然，如克尔所说，现代大学已成为"知识产业"的重地。[2]

讲到这里，我们要再审视大学的学术（知识）结构。就中国而言，自 20 世纪初创设大学以来，科学即成为大学学科中的重心。最早的大学是文理并立，人文还可以与科学平分秋色。之后，科学的范畴越来越扩大，理论科学之外，还扩展到应用科学、社会科学，以及多类专业学科，从此人文在大学整个知识谱系中的位置则"相对地"变小了。不宁唯

〔1〕 Kenneth Boulding, *The Meaning of the Twentieth Century: The Great Transition*, London: George Allen & Unwin, 1964, p. 40.

〔2〕 Clark Kerr, *The Uses of the University*, New York: Harper Torch Books, 1963, pp. 87-88.

此，科学作为一种知识体，在大学中位序之上升不只是量之增大，更重要的是科学几乎成为知识的尺度与范典。今日，不论在西方或东方的大学（特别是"研究型大学"），出现了贝拉所说的"知识的科学范典"。科学是一种追求理性的客观规律的知识，它是一种"理论的知识"。科学讲"is"（实然），不讲"ought"（应然），因此，当科学知识作为一切知识的尺度与范典时，凡是讲"应然"的道德、伦理或价值的言说，在大学课程中已无位置或被边缘化了。贝拉说现代大学"对于什么是好的人生与什么是好的社会的伦理学的反思，已不再是教育之中心了"[1]。牟宗三先生指出：

> 中国从古即说"大学之道，在明明德"。试问今日之大学教育，有哪一门是"明明德"？今日之学校教育是以知识为中心的，却并无"明明德"之学问。"明明德"的学问，才是真正"生命"的学问。[2]

从大学之终极目的来说，现代大学自觉与不自觉地是寻

---

〔1〕 Robert N. Bellah et al., *The Good Society: An Introduction to Comparative Pocitics*, New York: Alfred A. Knopf, 1991, p.163.
〔2〕 牟宗三：《生命的学问》，台北：三民书局，1970，第37页。

求真理（truth），科学之真理，也即求"止于至真"了。如前所述，中国学术有个"从经学到科学"的转换，从而中国的大学之道发生了根本性之变化，实际上（虽非理论上），今天的大学之道可以写成：

> 大学之道，在明明理（明科学之理），在新知（创科学之新知），在止于至真（科学之真理）。

在今日的大学，由于科学这一支配性的心智思维，出现了哈耶克（F. A. Hayek）和哈贝马斯（Jürgen Habermas）等学者所批评的"科学主义"（scientism，即科学不只是知识的一种，科学已等同于知识）。从而，钱穆先生所说中国学问的三大系统中，今日大学学术发展得特别迅速的是"学统"，而传统上最重视的"人统"则被冷漠了。

2006年，刘易斯出版了《失去灵魂的卓越：哈佛是如何忘记教育宗旨的》一书（次年有了中文版），我认为这本书很具体生动地论述了我对现代大学的看法，即现代大学的"大学之道"是追求"至真"，而不再是传统大学（中西）的追求"至善"的"大学之道"了。刘易斯是原哈佛大学本科人文与科学院院长，他是一位计算机科学的教授。他所批评"没有灵魂"的大学正是他服务多年的哈佛大学。他说哈佛在科研、在创造知识上无疑是"卓越"的，但哈佛却已忘掉了大学教育的目的——即如何培养学生为德智双修的人。他说哈佛已不知"什么是好的教育"了。刘易斯说哈佛这所伟大学府已忘了为学生应担承的"更重要的教育角色"。他说，哈佛忘了——

> 帮助他们（学生）成长，帮助他们寻求自我，帮助他们寻求生命中更高的目标，帮助他们毕业时成为更好的人。

他认为大学的教育责任是——

> 使学生的脑与心一起成长——使学生成为一个学识与德性兼备的青年。

他批评哈佛大学说：

> 大学已失去，诚然，已自愿地放弃，它铸造学生灵魂的道德权威。

刘易斯说，现在人们在怀疑："大学所代表的价值，甚至有时候，大学是否还能代表任何价值了。"[1]

在很大程度上，刘易斯对哈佛的批评对世界上绝大多数优秀的"研究型大学"也一样适用。刘易斯说哈佛已不再措心于道德教育与价值教育，实则这是现代大学很普遍的现象，因为现代大学所重的是科学理性，如社会学家帕森斯指出，大学已成为"认知复合体"，价值教育在大学中已无位置。大学已自觉或不自觉地只专注于韦伯所批判的"工具理性"（instrumental rationality）了。

诚然，求真理是大学应有的伟大理念。求真之知识，无逾科学。科学对人类文明之贡献毋庸置疑，科学使人类更像人类，人类由农业文明进入工业文明，其基本的动力就在科学（科技）。今日否定科学之贡献者可谓非愚即妄。但大学教育之目的，在求真之外，必不能不求善。古代求"善"的大学之道必须与今日求"真"的大学之道合二为一，不可偏废，否则大学很难培育出德智兼修的学生，中国现代化企求建构的"现代文明秩序"也就不能是完整无缺了。真的，在中国的思想中，

---

〔1〕 Harry R. Lewis, *Excellence Without a Soul: How a Great University Forgot Education*, New York: Public Affairs, 2006, p. 71.

善与美是并在的。最好的人生境界是"尽善尽美"。大学可以在求真外，不求善与美吗？

我们理解，"真"与"善"是两个不同的知识范畴，西方大哲康德早指出，科学真理不能指示我们做道德的判断，社会学家韦伯在他著名的《科学作为一种志业》的演讲中更指出，科学与理性不能为"意义"问题提供答案。科学与理性只能为我们提供"手段"，而"目的"则是由我们的价值决定的。我为何这样做，而不那样做？因为我有一种价值取向，所以价值是最后决定的声音。我们理解到科学的性质，也知道了科学的限制。这样，对于大学教育，或大学所传授、探索的知识，就不能抱持"唯科学论"，必须承认科学不等同于知识，科学只是知识的一种或一型。在承认"理智的理性"运作的科学知识外，还需承认"实践理性"运作的"实践知识"或"价值知识"。这里让我引著名哲学家普特南在《意义与道德科学》(*Meaning and the Moral Science*, 1978)的一段话：

> 我认为亚里士多德视伦理学是关乎人之如何活及人之快乐的知识是无比正确的，他视这种知识（实践知识）不同于理论知识也是无比正确的。在我看来，如果我们

想对我们自己或者对科学有一种清醒与人性的观点，那么，一种承认知识之领域是大于科学之领域的知识观就成为一种文化上的必须了。

"唯科学论"的知识观今天是站不住脚的。我可以理解也同意贝拉等学者的建议，即我们应该回归古希腊时代的"一个更扩大的知识范典"。

三、哲学的目的与任务

今天讲"中国哲学"，当然是就世界或全球的学术语境说的。20 世纪之前，我们有儒学、道学、佛学、理学、心学等称谓，但都不会冠以"中国"二字，之所以说"中国哲学"，乃是西学进入中国以后的事，盖用以别"西方哲学"耳。而"哲学"二字却是日本用汉字译"philosophy"再传至中国的。须特别指出者，西方的现代大学的学术或知识谱系的结构已经"世界化""全球化"了。香港中文大学之有文学院，文学院之有哲学系，这样的知识结构与哈佛大学、东京大学、北京大学都是一样的。

哲学不同于科学。科学之普世性鲜少有人质疑，故不闻有中国物理学、中国化学者，盖科学是跨国家跨文化的。哲学在不同地域的发展则可因文化、国族，甚至个人性格而各有特色。港中大哲学系所开设之课程，是以世界哲学为范围的，其中有中国哲学，但还有更多其他哲学。这些其他哲学可说是"哲学在中国"，而不是中国哲学。

1919 年，胡适所著《中国哲学史大纲》问世，无可争议，它是中国哲学史开山之作。此书是以当时世界性的学术眼光看中国哲学，并提出"中国哲学在世界哲学史上的位置"的看法。很有意思的是，他说：

> 我们今日的学术思想，有这两个大源头。一方面是汉学家传给我们的古书，一方面是西洋的新旧学说。这两大潮流汇合以后，中国若不能产生一种中国的新哲学，那就真是辜负了这个好机会了。[1]

中国哲学，是哲学之一种，因此我们要问："什么是哲学？"我认为胡适是把"研究真理"作为哲学之本质与目的的。他所说的"真理"是指科学的真理。胡适心目中的哲学

---

[1] 胡适：《中国哲学史大纲》(卷上)，商务印书馆，1987，第 9—10 页。

应该是一种"科学的哲学"。[1]胡适是一位真正的理性主义者。科学的理性是他所信仰与推崇的。他把哲学视为是求"真理"（科学的真理）的知识是很自然的。不过，胡适对哲学，特别是对中国哲学的看法绝不是中国哲学界的共识。在这里，我只举冯友兰为例。"文化大革命"结束后，冯友兰已重获"文革"前享有的一定程度的学术自由与自主。在1992年出版的《中国现代哲学史》中，他对哲学的本质有一段很有独立思考的论述。冯友兰说有一派人把哲学看作是"太上科学"，他是不同意这一派的看法的。他说："真正的哲学不是初级的科学，不是太上科学，也不是科学。"[2]冯友兰说哲学是"仁学"，也是"人学"，仁是儒家所说的人的最高精神境界，也是人之所以为人的最高标准。[3]

实际上，"什么是哲学"这个问题是西方哲学家不断提问的。西方中世纪以后，哲学与科学的关系有合有分。哲学之终极目的在求"真"与求"善"间有合有离。牟宗三先生认为哲学一词之古义是"爱智慧"。何谓"智慧"？洞见到"最高

---

〔1〕 胡适：《中国哲学史大纲》（卷上），商务印书馆，1987，第389—390页。

〔2〕 冯友兰：《中国现代哲学史》，香港：中华书局，1992，第244—245页。

〔3〕 同上，第252页。

善"即谓智慧。故哲学亦可直名"最高善论"。[1]他说，哲学一方固是"爱智慧"（"哲学"一词之原义），一方亦是"爱学问"，"爱一切思辨的理性知识"，"爱学问"就是使"爱智慧"成为一门学问。这些思辨性的理性知识，如不歧离漫荡，往而不返，而能守住其主要目的，即"爱智慧"之目的，才可叫作"实践的智慧论"（智慧学）。这就是哲学（智慧学）——最高善论之意义所在。[2]因此，西方古代哲学有爱智、求真之一面，但终极目的仍是求"至善"的境界。

西方哲学之古义为"最高善论"，但牟宗三先生说："依近世而言，当然不如此。近代哲学甚至已不讨论最高善了。"[3]诚然，如英国著名哲学家米歇尔·达米特（Michael Dummett）指出，西方近代哲学自笛卡儿（René Descartes）以来，都想把哲学转为一种"严密的科学"（rigorous science），从哲学找到一种"系统性的方法论"，将哲学建立为一切知识的"根基学科"（foundational discipline）。[4]用上面冯友兰的说法，达米特认为西方哲学是希冀成为一种"太上科学"，把哲学变

---

〔1〕 牟宗三：《圆善论》，台北：学生书局，1985，第 iv—v 页。

〔2〕 同上，第 vi 页。

〔3〕 同上，第 v 页。

〔4〕 Michael Dummett, *Truth and Other Enigmas*, Cambridge, MA: Harvard University Press, 1978, pp. 437-458.

成一种所谓"严密的科学",不外是要把哲学论证为一种最牢靠、最可信的"知识"。不出意外,到了19世纪末,知识论(epistemology)不只成为哲学的核心,甚至几乎等同于哲学了。到了20世纪30、40年代,逻辑实证主义在卡尔纳普(Rudolf Carnap)、亨佩尔(Carl Hempel)、塔斯基(Alfred Tarski)三者手上获得盛大声势。"二战"后,美国大学的专业哲学之主流无疑是分析哲学,其核心领域是知识论、语言哲学与科学哲学。分析哲学根本上展现的是实证主义的气质。这是近代哲学的理性传统的展延,它所寻求的是理性的、客观的知识。这种知识是"理论的知识",它的目的或任务简单说就是求"真",求科学真理。诚然,这个哲学的理性传统,特别是逻辑实证与经验论身上展示的就是(自然)科学的知识性格,任何道德哲学或政治哲学所严肃关注的实质性问题,皆予以排斥。总之,一切价值的判断都被视为具有"非认知"(non-cognitive)的性格,也就不具有"知识"的资格。在最好的情形下,伦理学(ethics)被视为是"元伦理学"(metaethics),也只对伦理的名词与语句做概念性的分析。因此,这一路的哲学对于伦理与政治问题的讨论与解决也就无所贡献。当然,它本来也就无意对"价值"之论述有所贡献。

在20世纪中叶以前,分析哲学在英美大学中可说处于当阳称尊的地位，但它却并没有在哲学上成为库恩（Thomas Kuhn）所说的范典，事实上在学院哲学中，也大有不同的声音，甚至出现罗蒂（Richard Rorty）所说的"多元范典"的现象，即哲学界出现多种竞争性的研究课题。美国哲学界对于什么是哲学的问题与什么是哲学的方法并没有共识。[1] 应该指出，20 世纪 60 年代社会上出现的世界性的不安、抗议、学生的激进行为，对于"元伦理学"与"价值无涉"的分析哲学的立场感到不满，是不足惊讶的。当时，欧陆的哲学家马尔库塞（Herbert Marcuse）、阿伦特（Hannah Arendt）、哈贝马斯等人之著作成为知识界、文化界最感兴趣的话题。因为他们的著作对于时代的问题、文化日常生活中的实际议题都有直面的论述，而美国学院的哲学则只措意哲学内部问题，对学院外大社会的时代问题几乎完全失声。伯恩斯坦（Richard J. Bernstein）对于当代西方哲学的发展态势有深刻的观察。他指出西方哲学中长期处于隔绝或各行其是的态势已经出现汇流现象，也即欧陆哲学与英美哲学都有转向"实用主义传统"（pragmatic tradition）之倾向。这表现在哲学任务的新方向的

---

〔1〕 Richard Rorty, *Consequences of Pragmatism*, Minneapolis: University of Minnesota Press, 1982, pp. 215-216.

思维上。根本上说，哲学已从解决"哲学的问题"（problems of philosophy）转为解决"人的问题"（problems of man）。[1]在伯恩斯坦言，这是回到杜威（John Dewey）的实用主义传统。我以为这更是回到希腊亚里士多德的实践哲学（practical philosophy）的传统。诚然，实用主义哲学家也好，实践哲学的哲学家也好，都不以为哲学能够或应该成为一种"太上科学"。比如伯恩斯坦特别提及的伽达默尔、哈贝马斯、罗蒂三位当代哲学家，他们都拒绝"根基主义"（foundationalism），都拒斥科学（知识）是一切知识之尺度的立场，都重视亚里士多德讲的"实践知识"（practical knowledge）。伯恩斯坦认为他们三人异中有同，其所同者即都在建构一个他名之为"非根基主义的、实用主义的人文主义"（non-foundational practical humanism）的方案。简言之，这个方案企求一个多一点儿人性化的世界，一个更理性、更有实践智慧的自由与正义的人间秩序。[2]

伽达默尔是当代"诠释哲学"（hermeneutic philosophy）的奠基人。在我看，诠释哲学是现代哲学中与"存在主义哲学"

---

[1] Richard J. Bernstein, *Philosophical Profiles*, Cambridge: Polity Press,1986, pp. 17-48.

[2] Ibid., pp. 58-93.

（existentialism）——以克尔凯郭尔（Søren Kierkegaard）、海德格尔（Martin Heidegger）、萨特（Jean-Paul Sartre）、雅斯贝斯（Karl Jaspers）最为代表——具有同样反"理论知识"的知识特性，存在主义哲学（及文学）在社会上具有深远的影响，而诠释哲学则引导了哲学圈对哲学自身根本性的反思。伽达默尔宣称："诠释哲学是实践哲学这个老传统的承继者。"他以为哲学之主要任务是"维护实践和政治理性来反对基于科学的科技的支配"。他说："诠释哲学旨在纠正现代意识的特殊虚妄，这包括对科学的盲目崇拜、对科学的莫名的权威感，诠释哲学更旨在归复公民的最可贵的任务——依据个人的责任而做决定，而不是把这个任务交给专家。"在这里，我要指出，伽达默尔对亚里士多德之无上推崇，尤其是因为亚里士多德一早就把"实践知识"与"理论知识"及"技术知识"区别开来。[1]

从今天的学术语境来说，科学当然是一种知识，但科学却不等同于全部知识，科学之外还有其他的知识。我上面引用当代哲学家普特南的一段话，就是对伽达默尔的多元知识观的强烈认同与呼应。至于伽达默尔强调的"实践知识"（亚里

---

[1]　Hans-Georg Gadamer, "Hermeneutics and Social Science", *Cultural Hermeneutics* 2 (1975), pp. 307-316.

士多德称之为 phronesis），不是一种具有"认知性"性格的知识，而是一种讲价值的伦理学，它既非科学，也非艺术，而是关心于价值之分析的学问，也是最有关于 praxis（实践）的、行动取向的，它是探究什么是好、什么是善及如何达到"好"与"善"的知识或智慧。这也是我一开始讲的"大学之道"在求"止于至善"中所不可或缺的学问。

四、中国哲学的方向

香港中文大学的哲学系，据我了解，六十年来所开设的课程，或教授们所从事的研究课题，是十分开放与多元的，有分析哲学的，有现象学的，有存在主义的，有诠释学的，这些都可说是"哲学在中国"。不论在哪个时期，中国哲学始终是重要的一员。但应该指出，自"经学时代"结束后，除承继经学的儒学外，道学、佛学等亦皆是以中国哲学的面目展现的。中国哲学今后发展应取怎样的方向？这就不能不问："什么是中国哲学的任务？"这又必须直面当前或未来我们要面对的问题或挑战。用唐君毅先生的话，即是"当前时代对吾人之所呼唤命令者为何？"唐先生说现代世界是一个"神魔混杂的时代"。诚然，我们身处的是一个以科学（及科技）为基底的科学文明的时代，科学对人类现代文明之贡献是其他事物难以比拟的，科学使人更能像人一样生活、生存。但启蒙后的"科学文明"却也有它的黑暗与病态。"二战"之罪恶已不言而喻，而今更有核武威胁、生态失衡、价值无序等关乎人类存亡绝续的问题。唐先生说"救世界之道，在宗教道德与哲学"，但这不是昔之宗教道德与哲学智慧，他认为"新哲学"必须是"与一切道德相感通之仁德之哲学"。唐先生说"此是时代之呼召，或哲学之大方向"。他还说，人类今后之哲学，当本理性以建立理想，重接希腊哲学之由理性知识以通至人之理想的德性。[1] 在上面讲话中，我们看到西方哲学中诠释哲学也正有重接希腊哲学（特别是亚里士多德哲学）的意向。可以说与唐先生之所说同声相应、同气相求。

我们上面提到，20 世纪初"废科举"之后，"经学时代"已经结束。经学部分内涵已分别并入文科中的文学、史学与哲学中。中国的学术文化出现了"从经学到科学"的大转向。在中国现代的大学结构与运作中，古之"大学之道"的求"止于至善"已不知不觉转为今之"大学之道"的求"止

---

〔1〕 唐君毅：《当前时代之问题：〈生命存在与心灵境界〉思想背景之形成及哲学教化的意义》，收入刘国英、张灿辉编：《修远之路：香港中文大学哲学系六十周年系庆论文集》（同寅卷），香港中文大学出版社，2009，第 71—72、79 页。

于至真"。唐君毅、牟宗三等先生对此自有深刻体认，他们是既感到忧心，又有纠正此学术文化趋势的决心与信心的。唐先生曾说："昔之通经致用之经学家之任，则又似转落入为哲学思想者之手。"[1] 此亦是说他是认为中国哲学思想者是承继经学家的"求明明德"的求"至善"的学问的。事实上，唐先生一生致力发扬的是孔孟仁德之学、宋明儒的义理心性之学，用唐、牟二位先生的说法，即"生命的学问""立人极之学问"。不过，必须指出，被称为当代新儒学之代表的唐君毅与牟宗三先生，虽一生尽献于求"善"之学问，但对求"真"的科学知识毫不排斥或低看，并认为发展科学是中国文化理想当有之伸展。他们认为中国所缺者是西方的"理论科学精神"，要发展科学，"则中国人不仅当只求自觉成为一道德的主体，以直下贯注于利用厚生，而为实用活动之主体；更当兼求自觉成为纯粹认识之主体"。[2] 唐、牟二先生承认并尊重科学知识，他们所不能同意的是科学为一切知识之尺度，或科学等同于知识之知识观。在这里我想引介唐君毅先生与他

[1] 唐君毅：《中国传统之哲学研究态度之变迁》，《中华人文与当今世界》（上册），台北：学生书局，1975，第380页。

[2] 牟宗三、徐复观、张君劢、唐君毅：《中国文化与世界：我们对中国学术研究及中国文化与世界文化前途之共同认识》，《中华人文与当今世界》（下册），台北：学生书局，1975，第899页。

同道对知识或学问的看法。1958 年元旦，由唐先生捉笔，以牟宗三、徐复观、张君劢、唐君毅四人署名发表了《中国文化与世界：我们对中国学术研究及中国文化与世界文化前途之共同认识》宣言。此宣言中就提出，在科学之学问外，人类应当还有一种学问，一种——

> 把人类自身当作一主体的存在者，而求此主体之存在状态，逐渐超凡入圣，使其胸襟日益广大，智慧日益清明，以进达于圆而神之境地，情感日益深厚，以使满腔子是恻怛之仁与悲悯之心的学问。

宣言指这种学问，是——

> 一种由知贯注到行，以超化人之存在自己，以升进于神明之学。此即中国儒者所谓心性之学，或义理之学，或圣学。

又说：

> 此一种学问，亦即中国之所谓立人极之学问。人

极立而后人才能承载人之所信仰，并运用人之所创造之一切，而主宰之。这是这个时代的人应当认识的一种大学问。[1]

今天我讲"从大学之道说中国哲学之方向"。上面我提到，百年来中国的学术文化发生了"从经学到科学"的转向。传统时代"太学"的教学核心是经学，现代中国大学的教学核心是科学。古之"大学之道"的目的是求"止于至善"，今之大学之道已变为求"止于至真"。这现象是不能令人完全满意的。我们知道，大学是文明的载体，也是文明的表征。它不只有传承、保存过去文明的职责，也有孕育、创造新文明的责任。毫无疑问，中国现代化的主旋律之一的工业化，靠的就是科学（及科技）的知识。科学对于中国新的现代文明之建构是至关重要的，但讲到底，中国的现代文明不但需有"真"，也必须有"善"与"美"，而现代文明中道德、伦理与政治秩序之建立则不能不需要求"善"的价值知识、价值教育。今天的大学之道必须是求"真"与求"善"

---

[1] 牟宗三、徐复观、张君劢、唐君毅：《中国文化与世界：我们对中国学术研究及中国文化与世界文化前途之共同认识》，《中华人文与当今世界》（下册），台北：学生书局，1975，第926、927页。

二纲并举，缺一不可。

　　唐君毅、牟宗三诸先生所主张与宣扬的中国哲学发展的新方向是十分契合"大学之道"之求"止于至善"之愿景的。我相信，大学如能在追求"至真"又"至善"之道路上自强不息，则大学的教育就会既"卓越"又有"灵魂"了。

　　谢谢。

从大学之道谈通识教育^[1]

今次复旦大学、北京大学、中国人民大学、南京大学、浙江大学这五所著名大学，共同来举办"大学通识教育论坛"，是中国大学教育史上一件很有意义之事。复旦作为主办方，还邀请了香港地区、台湾地区和大陆诸多大学参与，可谓群贤毕至，极一时之盛。我个人数年来对通识教育相当关注，今天应邀做一主题演讲，深感荣幸，略抒管见，请大家指教。通识教育应该提到中国大学的议程上了。

---

〔1〕 本文由作者根据 2008 年 5 月在复旦大学举行的五校联办的"大学通识教育论坛"上所发表的演讲词增删扩写而成。原刊复旦大学 2009 年 6 月《通识教育》第 3 卷第 1 期，第 1—10 页。

一、现代大学之建立与发展

我要讲的题目是"从大学之道谈通识教育"。依我看，大学之道古今有别，这是因为大学有古今之二型。今天讲大学之道，是指传统与现代二型大学之道。中国现代大学之创立，严格来讲，是 1905 年清室宣布"废科举、设学校"之后的事，是维新运动的产物。中国现代的大学与过去的太学、国子监不同，它不是中国太学、国子监的承继和发展，而是从欧洲，特别是从德国接移过来的。欧洲的大学自然是从欧洲中世纪大学一脉传来的。但自 18 世纪启蒙运动后，欧洲大学受到启蒙的理性主义的洗礼，以宗教为本的中世纪大学开始了根本性的变化。到 19 世纪，德国新大学着力于科学之发展，强调"研究"与创造知识，改变了中世纪大学以"信仰"为核心的价值观，崇尚理性、客观性，旨在对终极真理的追求。在新大学的课程上，连中世纪大学重中之重的神学也被排除了。无疑，德国新大学中名重一时的柏林大学，显然已具有"现代大学"的性格。事实上，德国的大学模型成为了 20 世纪英美大学甚至世界各国大学之范典。值得指出，20 世纪初中国创立的大学，模仿的西方大学制度即欧洲的"现代大学"，而非其原型"中世纪大学"。蔡元培先生任北京大学校长时，开宗明义，就强调"大学者，研究高深学问者也"。而在 1912 年，早在蔡元培主持全国教育时所制定颁布的《大学令》中，就有规定大学以教授高深学术、养成硕学宏材、应国家之需要为宗旨，废去忠君、尊孔等封建信条，确定大学分为文、理、法、商、医、农、工七科，以文、理两科为主，取消经学科。1917 年他任北京大学校长时，又宣称："民国元年，始并经科于文科，与德国新大学不设神学科相类。……所望内容以渐充实，能与彼国之柏林大学相颉颃耳。"蔡先生所指的德国"新大学"，即是我上面所说的"现代大学"。他说要与柏林大学相颉颃，实际就是要中国的大学与世界大学接轨，并有在世界大学中竞鞭争先的企图心。

进入 20 世纪之后，特别是"二战"之后，发源于德国的现代大学，在美国获得进一步的发展与深化，美国的重头大学结合了英国的本科教育与德国的研究中心，形成大学本部与研究院合一的新体制，即是今日高等教育中最为称尊的"研究型大学"。美国的"研究型大学"半个多世纪以来，已成为世界各国大学的范典。"研究型大学"注重研究，是知识创新的重地，也是培养具有高阶知识人才的重地，因此与国力之增长、社会之进步息息相关。所以在欧美现代化先进国家中，大学，特别是研究型大学，已成为社会的"中心结构"。而世界各国在现代化进程中，无不以发展大学（包括研究型大学）为重要策略。20世纪80年代，我们知道"知识经济"与"知识社会"之来临，知识已成为经济与社会发展的根本性动力。然则，知识从何而来？主要来自大学，大学是社会创造知识的主要来源。大学对于一个国家或者社会的重要性是越来越清楚了。

二、大学之道的古与今

大学，不论是古典的或现代的，都有它的理念。大学的理念亦即是大学之道。中国自宋朱熹把《论语》《孟子》《中庸》《大学》定为四书之后，其地位与先秦的五经（《诗》《书》《礼》《易》《春秋》，《乐》失传）同尊，全是中国传统士人所必须诵读的"圣典"。《大学》一书中，开卷即曰："大学之道，在明明德，在亲民，在止于至善。"古代的大学之道，它的终极目标是求达到一个"至善"的境界。这是说个人要成为有德性的人，社会要有一个好的秩序，而好的秩序必然是合乎道德、合乎伦理的秩序。中国现代的大学和传统的太学、国子监不同，但这个"大学之道"自觉或不自觉地还是为中国的现代大学所信奉。我们只需看中国之大学的一些"校训"就知道了

（香港中文大学的校训是"博文约礼"）。古代的大学之道，进一步看，其核心功能是教化，是育人育才，所重的是"教育"。韩愈说："师者，所以传道授业解惑也。"实际上，所传之道、所授之业，皆不外乎四书五经的范围。而中国经书的内涵，最中心的是讲"做人的学问"，亦即"学者所以学做人也"。中国经书主要是"希圣希贤"的学问，这是属于"价值教育"（value education）的范畴。在一定意义上，西方中世纪大学的大学之道亦是如此。西方中世纪大学以神学为核心，视《圣经》为知识的根源，突出大学德性教育的任务，也可以说所重者乃"价值教育"也。宏观地说，现代大学，特别是"研究型大学"，较之中世纪大学，其功能、其性格、其理念、其大学之道，已有了深刻的变化。现代大学追根溯源，可说是18世纪启蒙运动的产物。如前所述，它崇尚理性，着力于研究与创造新知识，以追求真理为终极目标。这与建基于宗教信仰的中古大学已迥异其趣。现代大学已"世俗化"了，或者说现代的教育已经是一种"世俗化的宗教"了。美国史学者布尔斯廷（Daniel J. Boorstin）说："如果教育成为美国的一种新宗教，那么大学就是它的大教堂。"社会学者里斯曼说："我们今天活在一个没有信仰的高等学术的世俗教堂里。"在这样一个世俗化的理性氛围中，贝拉与他的同事在一本叫作《好的社会》的书中说："对好的人生与好的社会做伦理上的反思，已不再是高等教育的核心任务了。"简单地说，现代大学的大学之道已有了一个新的表达："大学之道，在明明理，在新知，在止于至真。"

这是说，今之大学之道，在于知晓明理，在于研究与创造新知识，在于追求真理。如实言之，现代大学，特别是研究型大学，整体视之，在研究与创造新知识上的确有重大成就。大学使成千上万的教师，除了教学外，更成为全职的、在专业基础上的知识的探索者。这是人类历史上前所未曾有的制度安排，这就是为什么20世纪会出现"知识爆炸"现象的原因。

研究型大学虽然在创造知识与追求"止于至真"上做得非常成功，但是大学的教学，在培育"做人"、在养成学生为全人的功夫上都出现了问题。根本上，现代大学对在明明德、亲民、止于至善的古典"大学之道"上已失落与荒怠。我个人相信，大学之为大学，必须把"研究"与"教学"两个中心任务做得同样好，不能偏失。21世纪大学之道应是将"止于至善"与"止于至真"同时作为终极目标，亦即应将古今大学之道同立并举，不能有所轻重。毋庸讳言，这是对今日大学的重大挑战。简言之，今日的现代大学，特别是研究型大学，所面临的挑战性问题要以"教学"这一范畴为多。具体地说，大学的本科教育是大学教学的核心，究竟要传什么样的道，授什么样的业，解什么样的惑，这涉及课程的设计，也涉及知识的属性与谱系。就中国大学的本科目标而言，必须有三问：在知性高扬的时代，如何能培育知识与德性兼美的人才？在知识越来越专门化的时代，如何能培育有专业知识又有通识全方位的"知识人"？在知识普世化的时代，如何能培养既有全球眼光又能对民族文化有所认识与体认的现代中国人？

上面三问没有简单的答案，但我认为大学的"通识教育"可以提供部分的答案。下面我谈谈通识教育的三大功能。

三、大学之道与通识教育之功能

1. 通识教育之功能一：价值教育的位置

在今天的研究型大学，常有教学向研究倾斜的问题，而更深层的问题则是大学中的"知识的属性"问题。大学分院系分科，它们的课程提供的是什么性质的知识？大学的知识谱系中容纳的是什么样的知识？美国社会学家帕森斯指出现代大学提供的知识是一种"认知复合体"。简言之，大学中提供的知识都是科学理性为主导的知识。

19 世纪以前，传统大学里，不论中国或西方，所讲的知识或学问，都可说绝大部分是属于"人文"范畴的。19 世纪科学进入大学，从此大学的知识结构发生了重大变化。在科学的胜利下，大学知识之属性由是而变，出现了贝拉所说的"知识的科学范典"。在此范典下，知识是否为知识，或者说知识的纯度，皆依科学性来判断。科学理性横决的结果甚至产生了科学主义。在科学主义下，科学不仅被视为知识的一种，甚至在科学与知识之间画上了等号。

在现代大学中，自然科学固是科学之正典，社会科学亦越来越模仿自然科学，以自然科学之方法为范典，甚至人文之学亦有追步自然科学者，自觉不自觉地以"人文科学"自称。现代大学之起初，德国大学即排除神学，中国大学亦废除经学。20 世纪之大学，如前面所指出，已成为一个没有信仰的学术的世俗教堂，从而大学所讲授的知识已不再或鲜少做伦理上的反思了。也因此，讲求"在明明德，在亲民，在止于至善"的价值教育已被边缘化，甚至失了位。"认知复合体"所张扬的是德国社会学家韦伯所说的工具理性，他讲的"价值理性"则退缩矣。讲到这里，我特别要提一提刘易斯 2006 年出版的《失去灵魂的卓越：哈佛是如何忘记教育宗旨的》这本书。刘易斯教授曾是哈佛大学的哈佛学院院长（1995—2003），是哈佛本科教育的主掌人。他指出哈佛近半个世纪来，在研究与创造科学知识上有十分卓越的表现，但是，哈佛已忘掉了更重要的教育大学生的角色。他认为大学应促进一个学生在心智与心灵两方面的成长，使之成为"学识"与"品德"兼有的年轻人，但"大学已经失去，诚然，已自愿地放弃，它铸造学生灵魂的道德权威"。我觉得刘易斯教授对哈佛的批评，同样适用于美国许多一流的研究型大学，在一定程度上，也适用于世界许多国家和地区的大学。刘易斯对美国研究型大学缺少或不讲道德教育及价值的批评，在根本上，就因为现代大学所传授的学问是"认知性"的，而非"道德性"的，也即很少或没有了"价值教育"。

现代大学，特别是研究型大学在研究和创造新知识、追求真理上的成就，不可不肯定，但如何避免"卓越而没有灵魂"的情形，则不能不深切反思。现代人常常讲"智商"，但雷尼克（Doug Lennick）所提出的基于正直、责任、同情心与宽恕的"道德智商"（moral intelligence）何尝不重要？基督教讲"爱人"、讲"十诫"，儒家讲"忠恕"、讲"四维八德"，这些都是立身处世、建立传统文明秩序的价值观。而今之现代社会，理应建立现代的文明秩序，因此也必须有现代的价值理念与道德观。譬如印度圣雄甘地有"七宗罪"之说，其中包括"科学没有人性""知识没有品格""政治没有原则""商业没有道德"等；罗马教廷提出现代社会的大罪，其中有"基因改造""污染环境""招致社会的不公正"等。这些都可以是大学教育中做伦理反思的大课题。但是，在大学里，除少数人文学科或社会科学的课目中容或尚有伦理的反思，其他专业的院系课目根本没有价值教育的位置。要让大学中所有学生都有接触价值教育的机会，通识教育便不能不承担起这个责任。

2. 通识教育之功能二："全人"教育之定位

"二战"后，大学除文、理之外，发展迅速的是社会科学，此外，便是各种职业导向的专业学院。传统的法、医等专业固大有发展，其他的工学院、商学院、新闻传播学院、社会工作学院，亦一一设立。整体上看，大学教育的一个根本性变化是知识专门化或教育的专科化。一方面，因知识的爆炸，知识越来越分化，越来越深化；另一方面，因知识经济、知识社会的出现，社会的职业分工亦越来越专精，大学与社会相激相荡、相辅相成。由于现代社会与经济所需要的是具有一定高度的知识型人才，大学教育所提供的知性教育愈来愈趋于专门化。在往昔，西方大学的自由人教育（liberal education）或博雅教育（liberal arts education），论其教育目的，旨在培养"自由人"（free man）或牛津大学的纽曼（John Henry Newman）所说的 gentleman（绅士）。"自由人"或"绅士"无疑有"通才"的意涵。博雅教育的对立面是实用教育或职业教育。但在现代大学，特别是研究型大学，分门别类，以学科（discipline）为核心，任何一门主修，都需修读几十个学分，至少占去一个大学生大学阶段（三年或四年）一半以上的时间。现代大学所授的教育是一种不折不扣的专业或专门学科的教育，这与传统的博雅教育是不同的。事实上，"二战"后，在英国就有将专门化（specialization）与博雅教育视为对立的看法。但是今天我们往深一层想，这种看法是太简单化了。我们知道，近日知识之所以突飞猛进，知识之所以有许多突破性发展，都与知识之专精化有关。就大学教育而言，分科分系还是必要的，大学生毕业时不能不对某一专业有一定深度的掌握。怀特海说："我相信在教育中，你排除了专精（specialism），你就摧毁了生命。"剑桥的阿什比（Eric Ashby）勋爵认为把博雅教育与专科化教育看成对立，其实是一种"伪对立"。他说"我们必须将专业的研究作为发展'自由人教育'的工具"，甚至说"通往文化之路应该是经由一个人的专业，而不是绕道过去"。我们应认清专业化与博雅教育不必是对立的，而专业研究之对应者（不是对立者）则是通识教育。我想指出，通识教育之必要性只有在专业化的大学中才突显出来，通识教育在研究型大学中才最显必要，而在博雅学院（liberal arts college）则不是大问题。由于大学教育向专业化倾斜是无法也无须避免的。要知道，专业化不只是理科、工科，即使人文学也一样着重专业研究。诚然，大学教育专业化，其培养的学生自然会是专业型的人才，这样才会引起"什么是知识人（educated person）"的迷惑。教育专业化的结果，不但出现了文不知理、理不知文的所谓"两种文化"的问题，即使在文、理学科本身也是门墙森立，隔行如隔山，这才激发通识教育的角色与定位问题。几乎无一例外，中外的大学教育都以"全人"（total person）教育为愿景。这固然涉及智育与德育之相济问题，同时也涉及一个大学生除专业之外还应具备什么样的知识资本（intellectual capital）的问题。因此在"全人教育"的理念下，通识教育被视为在大学教育中居有"中心性"的地位。换言之，现代大学必须依靠专业教育与通识教育之适当结合，才能培育"全人"，才能培育全方位的现代"知识人"。

3. 通识教育之功能三：全球化中民族文化的教育

西方中世纪大学具世界精神，但那是基督教文明的世界。

今天是一个全球化的时代，出现许多所谓的跨国公司、非政府组织（如无国界医生）等。其实，大学可能是最有全球性格的。举凡享有世界性声誉的学府，教师中莫不有许多是"外国人"。一个真正称得上世界级的大学，莫不有相当比例的学生是来自世界各地的。没有其他的机构，像大学那样有教师的互访，有学生的交换。大学与大学之间，同声相应，同气相求，就像是一个世界性的大学共和国。不错，有的大学自觉地把自己定位为"全球大学"。《纽约时报》专栏作家弗里德曼（Thomas L. Friedman）前几年写过一本书《世界是平的》（*The World Is Flat*），阐明信息革命如何强力地推动了全球化。但我要指出，自 20 世纪以来，在信息革命之前，大学已有很大的全球同质化趋向。大学的知识结构，特别是它的课程设计，从名称到内容，各个大学之间几乎毫无二致。越是科学性强的学科，越是重视国际接轨的大学，其趋同性就越高。今天有些机构做大学的全球排名榜，虽然常做得不很正确，不够精准，但大学之所以可以比较，可以排名，正因为大学有一定程度上的同质性。

　　大学的同质性，在很深的意义上，是人类全球文明秩序的一个共同的知识基础，这是走向"同一个世界，同一个梦想"的思想与文化平台。不过，我们必须了解，全球的文明秩序之建立，不是建立在某一个国家或民族的文明的扩大化上的，而是建立在承认与尊重构成世界的多元文化的原则上的。地球上的生态平衡需要重视生物的多样性原则，地球上的人间秩序也需要维持文化的多元性原则。一百年来，中国的现代化努力，企图建立的是中国的现代性，也即中国的现代文明秩序。中国的现代性是与中国的历史文化的传统不能分割的，它与西方的现代性有共相，但也有异相者。今天世界上呈现的是"全球的多元现代性"（global modernities），而不是一个单一性的现代文明。应强调，在中国现代性的建构过程中，中国的大学的角色是极其重要的。

如上面所讲，大学，中国的大学与他国的大学一样，展现了越来越多的全球性格。大学所做的研究，所创造与传播的知识，显然大都是跨越国家、民族与文化的疆界的。知识是人类的，这是建造"全球文明"或终极上构筑"世界大同"的根本的知识工程。但是，正如我上面所指出，全球文明不会是一个单一文明秩序，而是一个以多元文化为构成原则的人间秩序。在这里，大学的另一个基本任务就绝不能忽略了，即维护、传承与发扬民族文化的传统，这是与大学的"全球性"相对应的"民族性"。就中国的大学而言，即一方面要有"全球性"，另一方面又要有"中国性"。有一点值得一提，中国现代大学虽然是维新与西化的产物，但百年来，对中国民族文化的保存与发扬，大学（特别是人文与部分社会科学方面）在研究上是有不容忽视的成绩的。至于在大学的教育上，主修人文或部分社会科学的学生固然有机会受到中国文化的熏陶，但是其他院系的专业课程中则绝少甚至全无涉及中国文化者。故而，要使中国的大学的青年学子，人人都能对中国民族的文化传统有所接识、有所体认，则唯有通过以全校学生为对象的跨院系的通识教育来发挥这个重要的功能了。我个人认为在通识教育中，必须有中国文化这个范畴。在这个范畴中，若开设"论语""孟子"这类课程是很有助于大学提升"价值教育"与"全人教育"的，同时也有助于中国的大学在全球化中保有"中国性"。

大学教育的人文价值[1]

一、中国人文精神与价值之特性与形态

我们今天对"人文"二字都有一种理解，似乎是不辩自明的，但事实上是不是这样的简单自明呢？

我们今天讲解"人文"二字几乎都会从《易经》中的"观乎天文，以察时变；观乎人文，以化成天下"这句话来入手。诚然，这是对中国的人文精神与价值之理解的一个切入点。《辞海》引疏之解释："言圣人观察人文，则诗书礼乐之谓，当法此教而化成天下也。"毋庸讳言，这一个对人

---

〔1〕 此文系作者就 2014 年 3 月 13 日在高雄中山大学"余光中人文讲座"之演讲增修而成。

文之释义是中国思想之主流的儒家式的诠释。大家知道儒家的经典是《诗》《书》《礼》《乐》《易》《春秋》（此为六经，因《乐》早佚，故今为五经）。孔子"述而不作"，他是对先民的知识加以整理润饰，才使其成为儒家之经典，而孔子亦被公认为是中国人文思想的奠基人，也是儒家的开创者。孔子生于一个"礼乐崩坏"的时代，他则重建了"礼乐文化"。更重要的是，他在礼之外提出仁的思想。孔子心中的人文，不只是重礼乐之仪文，更在强调礼乐之内核的仁，仁是文之德，他以文德来拯救当时文弊。

孔子提出的仁，是文之德，这是界定了人之所以为人的道理。所谓"仁者，人也"，孔子之重仁、重文之德，在儒家孟子手里，更得到强化与发挥，因而论先秦儒家之思想，孔孟齐称。到了宋之理学，则孔孟重人与重"文之德"之思想有了进一步的发展，而成就了重"人极"的学问。可以说，儒家正统的人文精神与价值到了一个新的高度。自孔孟到宋儒一路发展的人文思想的特性是以道德与伦理为主心的。宋大儒朱熹审定的四书之一的《大学》一书，其开卷语是"大学之道，在明明德，在亲民，在止于至善"。"止于至善"是读书人企求的终极愿景，"至善"是人文价值的最高境界。《易经》上说的"化成天下"实是指"善"成为普遍化（天下）的道德与伦理文化。故儒家的"人文"可以说是一种求"善"的伦理文化。但中国的人文精神之表现也可以有与儒家之礼乐文化，与儒家以求善的内涵的伦理文化殊为不同的形态，这就是魏晋时代的玄学之审美文化。玄学是承接先秦庄子的思想而来。庄子之学，讲到底，是贬人为、贵自然，讲齐生死，一寿夭，寻求为西方存在主义所重的"真实的存在"，寻求解放，寻求自我、真我。真正做到"真人""神人"。李泽厚说："庄子哲学并不以宗教经验为依归，而毋宁以其他审美态度为指向。就实质说，庄子哲学即美学。"[1]

魏晋人处于中国政治社会的衰世，对于汉魏晋间政治上的禅让等，认为是一大虚伪，是假借与文饰。他们要求摆脱外在礼义之规范，有一种人之自觉意识。像庄子一样，寻求自我的解放与自由，寻求个体的真实存在。阮籍、嵇康之非尧舜、薄汤武，以礼岂为我辈设，实是在追求自我和大解放。这种思想表现于文学，艺术上则与儒家之礼乐世界大异，而是一种如唐君毅所说的"观照、欣赏、优游的艺术精神"，所以可看作是中国人文精神之另一种形态。[2]这种形态可称为人文的审

〔1〕　李泽厚：《中国古代思想史论》，人民出版社，1985，第189页。

〔2〕　唐君毅：《中国人文精神之发展》，香港：人生出版社，1957，第31页。

美文化，它与儒家人文的伦理文化的形态在中国文化中是并立同存的。在这里，值得一提的是，刘勰在其传世名篇《文心雕龙》中显示的文学之独立性与审美价值。刘勰固然强调"文必宗经"，即以道德论文学之价值，但他实际上却把艺术之审美观放在宗经的道德观之上。他对屈原的《离骚》的评价超过了《诗经》。邵耀成说："刘勰虽然打着'征圣、宗经'的旗帜，但他的《文心雕龙》中的三个篇章《原道》《辨骚》《神思》，却完全颠覆了儒家'言志、教化、讽喻'的价值观。"[1]

我们可以说，刘勰的文论有力地说明了审美文化一直是中国人文精神与价值的重要组成。审美文化也即是中国经学之外的艺术文化，它包括书法、绘画、建筑、诗词、戏曲、小说等。新文化运动中反对、批判的中心对象是儒家的经学文化（即上面所说儒家人文伦理文化），不是中国的艺术文化。

二、中国百年学术文化的变向：从经学到科学

中国百年的学术文化之变向，最简要地说，是从经学转到了科学。我指出这是中国现代化的主旋律之一，而承担这

---

[1] 邵耀成：《文心雕龙这本书》，中国社会科学出版社，2014。

个变向的最主要的基地则是高等教育机构。传统中国有"太学"。"太学"与"大学"只有一"点"之别，但太学以经学（四书五经）为核心，大学则以科学为核心，两者在学术文化的性质上迥然有别。

自汉至清，中国的高等教育机构，不论是官学（如太学）或私学（如宋之书院），皆以四书五经为教育之核心。此与西方之中世纪大学以《圣经》为教育之核心并无二致。中国的大学是中国现代化之产物，而大学亦在中国现代化中发挥了至关紧要的功能。中国的大学（作为一种教育与学术的制度）不是经太学自上而下纵向地承接过来的，它是从西方的"现代大学"制，自西而东横向地移植过来的。在此特应说明，中国自欧洲移植过来的大学不是西方传统的"中世纪大学"，而是经德国大学改革后的"现代大学"。西方现代大学之所以不同于西方的中世纪大学，是因为前者以科学取代了后者八百年来以神学（《圣经》）作为教育的核心，而中国的现代大学与西方的现代大学几乎是同步的，中国的现代大学一开始就像西方的现代大学一样，以科学作为知识发展与教育的重心。中国之开始接受现代科学，把科学列入教育机构中，是在鸦片战争战败后发起洋务自强运动始。曾国藩、李鸿章的洋务自强运动，重点固是开铁矿、制枪炮这类"以夷制夷"的军事工业化，但亦同时设置同文馆，学西文，学西方的学术，如数学、物理等"西学"。维新运动后，学习西学更有扩展，1905 年清廷颁诏"废科举、设学校"，自此读书人以经学考试进入仕途之路已断，经学从作为"中国人思想之君主"（冯友兰语）的位置退位了，同时，西学（特别是科学）则进入新立的教育体制中心。1911 年辛亥革命后，中华民国临时政府的教育部教育总长蔡元培颁了《大学令》，"规定大学以教授高深学术、养成硕学宏材、应国家需要为宗旨，废去忠君、尊孔等封建信条。确定大学分为文、理、法、商、医、农、工七科，以文、理二科为主，取消经学科"[1]，经学在《大学令》中被取消了。

不过，应该指出，经学在大学被退出的是它过去两千年在太学中享有的圣典的地位，经学并没有在中国现代大学中完全消失。事实上，经学部分的内容已被纳入到大学中的"文科"中，如《周易》《论语》《孟子》纳入到文科的哲学门，《诗经》纳入到文科的文学门，《尚书》《春秋》纳入到文科的史学门。1912 年，京师大学堂正式改名为北京大学，首任校长严复就将经学科并入文科。从现代大学的知识结构来看，相比于各种专业科学学院（如商、医、传播、教育等），

---

[1] 梁柱：《蔡元培与北京大学》（修订本），北京大学出版社，1996。

科学之进入大学的意义比之经学之退出大学更为重大。中国的现代大学，以文、理二科为主，亦即科学（理科）一开始就成为大学殿堂的主角，须知在传统中国的"太学"，科学是从不存在的。在20世纪，从世界范围来考察，科学获得了史无前例的发展，而大学恰恰正是科学发展的重地。中国的大学在百年中，虽历经外祸（日本侵华）内乱（"文化大革命"），仍从无到有，从有到多，获得长足进步与发展。大学的教育到了今日已与国际接轨，像欧美先进国家之大学一样，科学在中国大学中亦居于显学的地位。在大学的知识谱系中，科学的领域不断扩大，除自然科学外，有社会科学、应用科学（如工学院），甚至有的传统的文科学系（如语言学、历史学）亦从"人文学科"转向"人文科学"或"人的科学"（human sciences），大学的科学的精神气质已渗透到大学的整个知识结构。美国社会学家帕森斯认为今天的大学（包括中国的），特别是研究型大学，已成为一"认知复合体"。可以说现代大学已成科学知识的创新与教育的中心。中国的新文化运动标举"科学"与"民主"之旗帜，百年来，德先生（民主）的命运充满沧桑，但民主毕竟已成为中国现代政治中的一个文化理念；而赛先生（科学）的命运则好得多，科学随现代大学之发展得到了重大的发展，并且科学作为一种文化也经大学传播到整个社会，影响了现代中国人的思维方式、生活情状，乃至人生观和宇宙观。诚然，"五四"前后人们讲"新文化"，我认为中国如有新文化，那么最突出的必是"科学文化"。这是传统的中国文化中没有的，无疑的，科学文化大大丰富扩大了中国文化的内涵。其实，中国百年来新开展的"科学文化"亦是构建中国现代文明的主要文化力量。

三、"科学"与"人文"之关系的究竟意义

探究科学与人文之关系，在中国传统的文化语境中是不会出现的，我上面引《易经》对人文之定义，"言圣人观察人文，则诗书礼乐之谓"，其中根本没有"科学"的影子。但如今科学文化已成为中国新文化的重要组成部分，则科学与人文之关系便自然成为一个探究的题目。长年以来，在大学的知识结构中，人文学与科学形成了两个学术群体，二者之间隔膜多于关心，互相低视多于互相高看。1959 年，剑桥大学的斯诺爵士（C. P. Snow）发表了演讲《两种文化及科学革命》。这场演讲一石击起千尺浪。斯诺本人是科学家，也是人文学者（小说家），他提出剑桥的学术文化已分裂为两个壁垒森严的世界，一个是人文的，一个是科学的；他对两种学者都有批评，

他批评科学家缺少人文的修养，他更批评人文学者是"natural Luddites"，亦即是对科学一无所知，对机器、科技有敌意的人。可以想见，斯诺的演讲激发了剑桥人文学者利维斯（F. R. Leavis）的强烈抨击，更引发了太平洋彼岸美国学术文化界的强烈反应。事实上，斯诺发表论文的时候，科学在大学（东西方大学）的地位已经大为上升，压倒了人文学。更确切地说，到了 20 世纪下半叶，科学在大学的知识发展中已经当阳称尊，人文学则黯然失色。更有甚者，有些人文学者已信奉科学为知识之标杆，亦即自觉或不自觉地追随科学，以"科学方法"研究人文课题，故我在上面提到传统的"人文学科"转向"人文科学"。这是说在科学的精神气质的渗透与膨胀下，人们普遍认为只有如科学的知识才是知识，否则便没资格称为知识。这是贝拉等学者所批判的现代大学出现的"知识的科学范典"。诚然，在"知识的科学范典"下，科学已成为建立知识的标准与范典了。这意味着什么呢？简单说，这强烈显示科学在知识殿堂中的地位的上升，这不只是说科学不仅被承认是知识的一种（须知，在中西传统的知识系统中，科学作为一种知识的观点曾在长期内是不存在的），而且把科学与知识等同起来。这种"唯科学的知识观"可说是"科学主义"的具体表现，在中国当代知识界也不无有之。

诚然，"唯科学的知识观"在 20 世纪后期也淡褪了，我们今天应有一理解，知识不是单维单元的，而是多维多元的。科学是以求"真"为目的的理论知识，它与中国传统上以求"善"为目的的伦理知识（伦理学），以及以求"美"为目的的审美知识（美学），属于不同的知识范畴（我在 2009 年所写《从大学之道说中国哲学之方向》一文，对此有较详尽的论述）。[1]

讲到这里，我想试对"科学"与"人文"之关系做一疏解。我之所以有意对"科学"与"人文"之关系做一疏解，是美国一位科学家赫施巴赫（D. Herschbach）的一段话所引起的。赫施巴赫是哈佛大学的教授，也是 1986 年诺贝尔化学奖得主。他觉得人们对科学有极大的误解，满腹怨气。他说科学家是"努力想弄懂大自然的词汇和文法，借此为人类谋福祉"。他认为："科学知识是一种具有实用意义的东西，而且也是我们文化一个重要部分。"他说：

　　事实上，科学是一种很人文的学问。一般人不理解

---

[1] 郑宗义编：《中国哲学研究之新方向》（"新亚学术集刊"第 20 期），香港中文大学新亚书院，2014。

这一点，实在是可悲可叹。我深信一千年后的人去回想我们 20 世纪的时候，一定都会带着深深的敬意。20 世纪的很多科学发现都是影响深远的，像沃森（J. D. Watson）和克拉克（F. H. C. Crick）所发现的 DNA 的双螺旋结构，就深深改变了我们对"何谓人"的看法。试问，还有什么比这更人文的学问呢？[1]

赫施巴赫把科学看作人类文化的一个部分，把科学看作一种"很人文的学问"，我是可以认同的。就中国而言，我上面已指出，百年来科学从无到有，从有到大，在大学中得到重大发展，并且科学文化已成为中国新文化的重要组成。至于"人文"二字之意义惯指人之文化、人创造之文化（知识）。在《易经》成书之时，"诗书礼乐"便是最重要的人所创造之文化。就此内涵来说，它是儒家的礼乐文化，也是伦理文化。这也就是说，我们长久以来都以道德伦理之知识作为人文的知识。但自魏晋玄学创造审美知识后，中国的人文内涵实亦包含了审美文化。直到 20 世纪，中国才又有科

---

〔1〕 Peter Costa, *Q & A: Conversations with Harvard Scholars,* Cambridge, MA: Harvard University Press, 1991. 中文版为蔡源林等译：《哈佛学者》，台北：立绪文化，1999。

学知识的建立与发展，才有了科学文化。这无疑应视为"人文"的扩大与丰富，也可以看作是中国人文精神之另一新形态。诚然，"人文"二字除了有"人创造之文化"的字义外，亦当指重人，重人之价值，重人之为人的文化精神。我们今天讲"人文价值"实亦不外乎是指一切以人为中心，并以增强、丰美人之生存、生活与生命的文化价值。依此而言，科学可以是一种"很人文的学问"。对于科学是否属于"人文"这个问题，唐君毅先生的看法是正面肯定的。他说：

> 我们从科学之源自人之思想而生的一方面看，我们亦明可说无论为发展人文之人文科学思想，与研究非人文之自然的自然科学思想，皆为人文之一部。人之所研究非人文之自然，表示人自己思想之能伸展开拓于人自身之外，亦即表示人之思想自身之伟大，而应用科学知识，以制造万物，与建立社会秩序，亦即使人文世界，得以主宰自然世界，并使人文世界显灿烂之条理者。[1]

上面我对"科学"与"人文"的关系的究竟意义，做了

---

[1] 唐君毅：《中国人文精神之发展》，香港：人生出版社，1957，第42页。

一些疏解。我的用意是消除二者的对立性，特别是要消除视
"科学"为"反人文"的误解。科学不但不是反人文，而且就
是人文的一个组成部分。"科学"与"人文学"在大学知识
殿堂中以两种文化形态长期分隔地存在，不应也不宜视之为
"科学"与"人文"的对立。严格地说，它们只是人文中以求
"真"为目的的科学知识，与人文中以求"善"为目的的伦理
知识或人文中以求"美"为目的的审美知识的自成壁垒。当然
我认为这个现象是令人不舒服的，特别是见到今日大学（研究
型大学）中，求真的科学知识一枝独秀，而求善与求美的知识
则相对地边缘化了。诚然，这不是"科学"压倒了"人文"，
而是人文本身出现的重轻之失衡。

四、大学与中国现代文明之人文价值

在西方先进国家，大学已被视为是国家和社会的中心制
度[1]；其实在中国，大学的重要性也越来越受到识者的共认。
无疑，现代大学在 20 世纪是中国现代化的最根源的动力，但

---

〔1〕 Daniel Bell, *The Cultural Contradictions of Capitalism*, New York: Basic Books, 1976,
    pp. 103, 198.

我更认为，现代大学在建构中国现代文明中扮演了关键性的角色。

大学作为一个教育人才与研发知识的制度，对中国来说，它是中国现代化的产物，同时又成为推动中国现代化的最根源性的动力。中国自 19 世纪中叶洋务自强运动展开的现代化的国之大业，历经一百五十年，跨三个世纪，其间坎坷崎岖、艰难苦辛，非一言可尽，然黄河九曲，终归大海，今日中国现代化已取得十分可观的成就。诚然，中国现代化已使中国走向富强，而中国现代化之最显成果的，则是在于它在百年中把中国三千年的农业文明济造为一个"工业文明"了。

"工业文明"是中国三千年"农业文明"后出现的新文明形态。这是中国现代文明的基本性格，而对于工业文明之建造，科学知识的创新与应用所做贡献最多。工业文明不限于经济生产，它遍及城市建设、交通、信息、医疗、生活的各个层面。所以，科学之为"人文"，实因科学不仅是关于"何谓人"的知识，也是促进人之生存与生活的素质，促进人之尊严与福祉，使人更能突显"人之为人"的知识。科学是大学中以求"真"为目的的知识，是有重大人文价值的一种知识形态。应该强调的是，工业文明是，亦只应是中国现代文明的一个组成部分，中国的现代文明至少还包括政治的民主、自由与法治，社会的公平、正义与诚信，生态的健康平衡与经济的永续发展，国家间的和平与王道精神，以及审美的艺术文化，而这些都涉及"人文价值"的知识范畴。因之，建构中国现代文明之任务除在求"真"的科学知识外，还需要上面提到的以求"善"为目的之伦理知识，和以求"美"为目的之审美知识来承担。

讲到底，中国的现代文明必应涵盖真、善、美三个范畴，而大学知识殿堂中三种形态的知识正是以彰显真、善、美的全幅人文价值为目的。

大学在现代社会的功能^{〔1〕}

各位女士、各位先生：

我近三十年来一件最感惊喜的事情，就是在我的眼下看到一座城市的出现和发展，看到一座城市的生命。这座城市就是深圳。我在香港已经待了三十八年，而深圳的年龄还不到三十。深圳原来是一个农村、渔港，这三十年来却已经成了一座有一千多万人口的大城市、大都会。这种变化实在是惊人的。你们在座的有没有在深圳出生的？请举手。还没有呢。深圳是一个移民的城市，正如美国是一个移民的国家，都是从欧洲、南美洲、亚洲、非洲去的。深圳的人是从中国不同的地方

---

〔1〕 这是 2008 年 11 月 15 日在"深圳读书论坛"演讲的讲词。原文根据实地记录修正而成。刊于王京生编：《大家的声音：2008 年深圳读书论坛演讲录》，深圳报业集团出版社，2009。今又再做少量修订。

来的，所以它有着非常浓厚的移民文化。深圳在这三十年当中，不仅是经历着刚才主持人说的从传统到现代的问题，而且是一下子就进入了现代；不但一下子进入了现代，还一下子进入全球化的大氛围中去。一个城市很少有这样的生命历程，这是非常特别的。我喜欢来深圳。为什么呢？因为我喜欢吃辣菜，四川菜、湖南菜，香港是少有的，只有在深圳可以吃到地道的。为什么呢？因为深圳有一百多万的四川人，有一百多万的湖南人，这种文化是随人带进来的。深圳文化不是从一块原生地上成长起来的，它是各地人带进来的，最明显的就是吃。大家不要忘记饮食文化，那是非常重要的，因为茶文化、食文化是中国文化里面非常重要的一部分。

深圳在过去三十年中，可以说是从无到有，从有到了更有。刚刚我到了这边以后，他们让我在这附近看了一下，市政府、音乐厅，建得真漂亮。

深圳是一个在改革开放政策下诞生的城市，是一个先驱。三十年来，深圳在经济发展的几个重要指标中，都是在整个中国处于领先位置。深圳、上海个人平均收入处于全国领先位置，高出中国整个国家平均收入的几倍。城市发展开始的时候是在经济上发展，实际上同时在文化上也在发展。我听说深圳发展有四个字，叫作"文化立市"，这是很好的。

一个伟大的城市，不可能没有伟大的文化，一定要有。所以我对深圳在未来的另一个三十年中，在文化发展方面，有非常高的期待。

中国的传统并不是一味地赞扬、肯定财富文化，中国非常讲究"均"。我们不能够把经济发展作为现代化唯一的目标，尽管经济发展是非常根本、非常重要的。当然，假如经济不行的话，整个社会肯定上不去。一个贫穷的社会出现的文化可能是"贫穷文化"。不管是东方还是西方，假如社会真的是贫穷，那么文化就可能是"贫穷文化"。但是你经济发展得很好、很富有，是不是一定就有很好的文化呢？未必。假如说很好的经济发展、很富裕的社会，你的文化贫穷的话，我们叫作"文化贫穷"。现在全世界也有很多城市经济发展得非常好，但是就出现了"文化贫穷"的现象。虽然脱离了"贫穷文化"这种社会形态，但是它仍会出现"文化贫穷"的现象。所以在这个意义上，我希望各位了解到，深圳在过去三十年，至少有一点是无可置疑的，就是在经济发展方面取得了绝对的成就，已远离"贫穷文化"了。未来三十年里，经济要继续发展，而在发展的过程中，必须避免出现一种"文化贫穷"，这是非常重要的。我知道你们有"文化立市"的思维，每年的11月是读书月，很不错。

对于深圳的文化发展，我有着非常大的期望。我在1984年曾经写过一篇文章叫作《读书与社会》，讲到了读书和文化的关系，经济发展和社会发展的关系，以及怎样促进新的"市民社会"的发展。当时我讲的是香港，香港也是经济发展很好，文化未必那么丰富。深圳是一个有计划的城市，对建筑的配样都有一些计划在里面。深圳整个城市的面貌是计划的，包括绿化。深圳绿化的程度在世界的一次调查报告中是第一名。那次我记得有一位政府官员在香港中文大学开会，我就问他，我说你们是第一名啊？他听了以后心里有一点儿不安。为什么？第一名是不好做的。深圳的城市绿化是非常好的。深圳已经不只有经济发展，还有环保发展。环保意识建立了，环保发展是未来城市很重要的指标。

韩国的李明博当选总统，他把首都的汉江整治得很好。看看首尔的面貌，那种自然和城市结合的局面出现了。从人均来讲，深圳是全国购书量最高的城市，排第一。今天有一个人和我说他的孩子一年要花几百块钱买书。我说买什么书啊？是不是教科书啊？他说不是，各样的书都买来看。深圳的购书现象是与把深圳建设成读书的社会、书香社会是有关系的。我告诉各位，真正要从书的角度来看的话，你不但要看书的购买量，还要去看看书的阅读量——你到图书馆看看到底阅读的人有多少、人均阅读的情形是什么样的，再看看书的出版量——书是不是这个地方出的，一年出多少。文化水准和书的出版量差不多是成正比的。

深圳购书量这么大，但书的内容、类别怎么样啊？就中国来谈，书的内容这一百年来已经完全变了。我们讲书香世家、书香社会，那种范畴的书大概今天在深圳的书店里占不到三分之一、四分之一，恐怕五分之一都没有。为什么？什么是学问？什么是知识？它的定义已经扩大了，已经变了。从前的书，今天广义地说是我们的国学，在今天整个知识领域里面占的比例很小。这个情形有的人看了就很忧心，但我并不悲观，国学之类的书还是有人看、有人研究的。我想指出，今天中国人的知识内涵、文化内涵是要不断扩大的。深圳发展需要的知识来自各种渠道，更不单单是哪一类的书或哪一种文字写的书。根本上说书的内容已经变了。为什么呢？因为知识本身的内涵已经变了。我今天为什么要谈大学的功能，不是因为我在大学里面教书、做行政工作三十四年，主要是因为从整个社会的发展来讲，从整个中国的现代化来讲，大学在知识的创造与传播上扮演着非常重要的角色。这个角色不是在过去，而是在现在；不只是在现在，更是在未来。我特别选择了大学这个题目，特别要讨论一下大学之道的古与今。大学之道哪有什么古与今啊？这是因为古代的大学之道和今天的大学之道已经产生了根本性的变化。

中国在 19 世纪末叶的时候——大家都知道这段故事，我希望你们年轻人永远要记住，历史不能忘记——西方帝国主义入侵了中国。李鸿章说，中国面临三千年未有之变局。这是说中国从那时候开始面临几千年以来所没有过的新挑战。中国在朝的人、在野的人，包括革命党、改革派，包括戊戌维新派，都是要对这新挑战做根本性的响应，这就是中国现代化的开始。我四十年前写的《从传统到现代》，也是讲从这些回应开始，中国已经走上了现代化之路。我在 2004 年出版《中国的现代转向》，还是在谈中国现代化，说到底是在追求中国的现代文明的新秩序，在追求中国的"现代性"。中国的现代性是什么？就是中国现代的文明秩序。我们过去有一个文明秩序——尊卑有别，长幼有序。这是一套讲三纲六纪、以礼为本的伦理与政治秩序规范，这是传统的文明秩序。但是 19 世纪末以后，中国开始走向了现代化，有一个现代的转向。

这个现代转向有两个年份具有象征性的意义。一个是1911 年，是辛亥革命。辛亥革命推翻了清王朝，建立亚洲第一个共和国。要知道这是中国政治宇宙的变化，没有天子了，没有皇帝了。那个时候中国人少，有四亿五千万，孙中山说，你们都是"皇帝"了。从此中国就走向了政治上的"不归路"。这个"不归路"是什么呢？就是必须走向一个以民为主的政治体制。怎么样去建立？这是很艰难的事情，但是以民为主的理念已经普遍深入人心了，所以我说这是中国政治宇宙的变化。

还有一个象征着中国现代转向的年份，应该是 1905 年。清政府受到维新的影响在那一年推出了"废科举、设学校"的改革。在你们今天看来，科举本来就要废，有什么了不起的？在当时可不得了。废科举、设学校是中国学术文化宇宙的变化，整个都变了。士大夫阶层自此退出历史舞台，以后出现的都是在学校里面训练出来的，是我们现在所谓的知识分子，完全不一样了。所以这个变化是根本性的。

设学校有最低的到最高的排序，最高的是大学。1898 年，在新的教育制度下诞生了京师大学堂。京师大学堂有预备科，有大学专门科，然后还有大学院。大学分科了，设立了政治科、文学科、理科、农业、工艺、商务、艺术七个科，下面有三十五个目，就是我们今天讲的"学系"。在这七科当中，文学科下面包括经学、史学、理学、诸子之学、掌故之学、词章之学，这就是说中国传统的国学差不多都放到文科里面去了。但是到了 1903 年，蔡元培主持的教育部，颁布了《大学令》。《大学令》颁布之后，大学里已经不设经学了（就是四书五经的经学）。经学的内容有一些放到文科里去，即放到史学、文学与哲学里去，但是本身的经学没有了。这是非常重要的变化。中国的新大学是西方现代大学的模式。西方大学开始于中世纪时代。中世纪是一个黑暗时代，是一个神权时代，但中世纪时代又是产生西方大学的时代，所以中世纪时期在黑暗当中有一盏盏的明灯，就是中世纪大学。西方中世纪大学一直到了19世纪的时候发生了变化，变成了西方的现代大学。现代大学可以说最先出现于德国，以后欧美大学就是仿照德国大学的模式。蔡元培刚好是留德的，回国后也是仿照德国模式。欧美的大学是从中世纪大学转变来的。中国以前没有大学，只有太学、国子监，我们的大学是从西方拿过来的，但是拿过来的是西方的现代大学。严格讲起来，现代大学的发展，我们是和西方同步的。

蔡元培在废止经学时讲，要把经学合并到文科里去，经学本身没有了。这犹如是德国的柏林大学把神学拿掉一样。这里我要很简单地说一下，西方的大学在中世纪时代，是宗教性的，是以神学为核心的，那是传播、保存基督教文明的地方，所以《圣经》在中世纪大学中是知识的来源。我们汉代的太学一直到清朝的国子监，是养士的地方，也可以说有某种大学的功能，那里是讲四书五经的。我们讲经学，等于是西方中世纪大学讲神学，有相同的地方。蔡元培说西方现代大学把神学拿掉了，我们也把经学归纳到文科里，大学的知识谱系里经学没有了。蔡元培建立了中国的现代大学，是和世界同步的。蔡元培先生在北大的时候，他讲了一句话：大学是研究高深学问的地方。今天大家谁也不会觉得这话有什么了不起，若不是他从德国回来的，恐怕也不会这么讲；如果蔡先生没有远见的话，他也不可能这么讲。中国以前哪有"研究"两个字？没有的。当时有一个史学家吕思勉，他听了以后说，我们中国以前哪有"研究"两个字？而蔡先生却把大学定义为研究高深学问的地方，不是将来可以做官、发财的地方，这是了不起的。所以德国新大学成立研究中心，专门致力于创造新知识。把创造知识作为大学的功能，这在西方大学历史中是非常特别的事件。

中国过去的老师是传授学问的，《师说》里写道："师者，所以传道授业解惑也。"老师的作用是传播思想、传授知识，不是创造知识。所以把研究、创造新知变成重要的使命和功能是现代大学的事。今天我们回头看过去一百年，大学的功能为什么越来越重要？因为大学不只是在培育人才，它还有新的任务——创造知识。我刚刚讲了，西方大学的源头是在中世纪，所以中世纪的大学是今天世界的大学的源头。我们今天的大学可以跟过去的太学、国子监发生某一种历史的联系。但是中国大学的模型是西方来的，在中国当时是"西学东渐"，也就是"西潮"。大家如果看过蒋梦麟写的《西潮》这本书，那就可以了解那个时候我们的许多新知识、新思想是从西方过来的。

东汉末年，佛教传进来，对中国的影响太大了。佛教也是从西边来的，不是说"西天取经"吗？不过我们还是觉得东方不错，太阳是从东方升起的呀！西方中世纪大学，其实是一种宗教性的学术团体。《圣经》是根源，人的思想行为是不能背离《圣经》的，核心精神是信仰。中国的教育过去基本上也是要你相信圣言。圣人、贤人的话就是经。经者，圣典也，是不能质疑的。中世纪的大学是重视信仰的，那个时候大学的共同语言是什么语言呢？不是德文，不是英文，而是拉丁文。那个时候西方中世纪的大学也有一种世界精神，不过那是在基督教文明的区域里面的世界精神。柏林大学的教师跑到巴黎的大学去，借个书，论论道，世界如一家，有一种世界精神。

西方从中世纪大学变成现代大学，要经过一个很重要的思想变革，那就是18世纪的启蒙理性运动。19世纪在德国大学开始改革，大学不再以信仰为本，而是标举理性。所以，现代大学可以说是启蒙运动的产物，它重视的是理性、科学和研究。大家知道有一种大学叫作"研究型大学"，它除教学之外，最重要的功能就是研究和创造知识。讲到这里，我想指出，讨论大学功能的书不是没有，虽然很少，有一位学者写了一本书，对我启发非常大。他是 1963 年加州一所大学的校长，叫克拉克·克尔，已经去世。克尔先生曾是香港中文大学多年的校董，我很钦佩他。他也是搞社会学的，他写了一本书叫《大学的功能》。这本书加深了我对现代大学的了解，我觉得他抓到了现代大学的精神。这本书并不厚，但确实是好书。他说现代大学已经变成了"知识产业"的重地。我对人文向来很有兴趣，"知识产业"一词听起来不很舒服。但是这个知识产业意思不一样，知识变成创造生产必需的东西，学术和产业已经有机地结合在一起了，美国社会之所以有这样大的发展，原因就在这里。大学创造的新知识变成了经济社会成长最重要的一环。从 20 世纪八九十年代开始有了"知识经济"的说法，这个词就是从那个时候出现的。我们今天不只是知识经济，其实也是一个知识社会，今天社会的运作不是顺其自然的，是靠知识指引的。毫无疑问，知识在今天对于整个社会的现代化是挺重要的。那么，知识产业在哪里呢？在大学。所以大学今天正成为社会的中心结构。大学之所以对社会变得如此重要，就是因为它对社会提供新知识的功能。尽管知识在社会不同的地方都能产生，但是有系统地、专业地、全天候地创造知识，已经集中性地转移到大学里去了。美国很多大的公司，本身有研究部，当然也是创造知识，但相对来讲的话，大学越来越重要。中国现在有一些大的工业，要自己创品牌，所以也有研究部，可是发放多少研究经费？日本有些工业为什么在过去的几十年甚至赶超美国？因为日本的工业部门有很多研究机构。但世界先进社会，研究、创造知识的重地都已在大学了。

所以克拉克·克尔讲大学跟一个国家的国力不能分开，这个说法可以用简单的数据来概括。那是 20 世纪 60 年代写的书，他说知识的生产、知识的传播、知识的消费占美国整个 GDP 的 29%，今天完全不止了。我没有去调查，我相信占 50% 都不稀奇。像 MIT（麻省理工学院），单单就这么一个大学，它的校友、师生开公司有 1000 家，年生产值超过 2400 亿美元，这个生产力量比很多国家都大，这完全是和知识相关联的一种生产。

我很多年前看过一本书，这本书叫《20 世纪的意义：大转型》，是一位经济哲学家博尔丁写的，他认为 20 世纪是第二次人类历史上的"大转型"，这怎么讲呢？他说人类第一次大转型是人类进入农业时代，包括一些印刷、文字的发明等。第二次大转型为什么那么快、那么厉害呢？主要是由于科学的大发展。你知道英国是第一个开展工业化的国家，但是以前的大学像牛津大学、剑桥大学，与英国工业革命并没有关系。可是20世纪就不同了，科学起来了。科学在20世纪才变成了社会活动有机的一部分。以前的科学家的发明很多是业余时间凭兴趣做的研究，但是到了20世纪，科学就不这样做了，它已经是全天候的，在专业的基础上来做的。为什么大学变得重要？因为20世纪的大学正成为科学研究最重要的基地。大学里面的理学院、工学院、医学院以及各种专业学院，乃至整个大学的教师全都是一面教学一面研究的，是全天候地来创造知识的，这是过去人类社会没有过的制度设计。所以，20世纪这个大转型是由于科学、由于知识产业的出现。而之所以能够变成知识产业，是因为大学。科学革命在17世纪就有了，从哥白尼、伽利略，一直到牛顿，都是科学革命的大人物，可是那个时代科学在大学里面没有发展。但是在20世纪，诺贝尔奖中大约70%的研究工作都是在大学里做的。大学，或者说，"现代大学"是人类知识大发展的重地。

西方中世纪大学以神学为主，中国自汉以后的太学、国子监以经学为本，都属于人文学范畴，科学是在19世纪进入西方大学的。在19世纪自然科学进入大学之后，大学的知识谱系就发生变化了。开始时科学和人文就平分秋色了，之后科学范畴越来越广。你想想今天物理科学、生物科学有多少个系？中国传统时代的学校当然不讲技术（technology），西方中世纪大学也不讲技术，剑桥大学在 20 世纪 50 年代才特别强调技术。而美国 MIT 在一百多年前就重视技术了，这就是为什么美国的大学能在 20 世纪领先世界，又为什么 20 世纪的美国出现了将近五十所以上的一流大学，这是 20 世纪之所以变成"美国世纪"最重要的原因。科学进入大学之后，大学就变了。剑桥出现两种文化的问题，就是科学文化和人文文化的碰撞，最后还是科学文化占优。科学以后有技术，剑桥这种老大学也接受了，也有技术学院了。现在我们中国哪一个有规模的大学没有工学院？清华大学最主要的就是工科，技术在学问里占有很重要的位置了。科学、技术一进入大学里面以后，传统的专业性的科学（许多陆续兴起的专业性科学，如管理科学等）都发展了，当然还有社会科学这一大块。这么一来，本来人文是大学的全部，科学进来以后范畴不断扩大，人文相对地就变小了。现在大学里的文学院只占大学的五分之一、六分之一，甚至七分之一。

中国以前讲的"学问"基本上是今天讲的"国学"。在现代大学里，国学只是人文学的一部分，而人文学只是大学知识谱系里的一部分。今天大学的知识谱系表现在不同的学院学系。全世界都是这样的组织结构，科学，或是和科学相关的科系，地位不断地升高，甚至有人把人文学（humanities）翻译成为"人文科学"。为什么？加上"科学"两个字位置高一点儿。其实是错的，我认为不应该翻译成为人文科学，应该是人文学。研究人的科学是心理学、生理学，不是人文学，是human science。

自从大学成为知识产业的重地之后，社会发展依赖于大学、靠大学支持的地方越来越多，当然除了靠大学发明东西、创造知识之外，还有它培育的学生。大家有没有想过深圳在三十年中为什么能够发展成这么有生命力、同时又相当高质素的城市？哪里来的人才？据我了解，深圳目前有三万个博士、硕士、大学生、留学生。这些人哪里来？都是大学提供的。深圳大学提供了一部分，最主要的还是向全国大学甚至世界借才取才。大学对深圳的发展是不是起到了非常重要的作用！

现代的社会发展越来越深化，各行各业的工作需要上过大学的人才方可以做得来，否则做不来，所以世界发达的国家无不发展大学，大学数目也就越来越多了。全世界在过去的一百年，特别是"二战"之后，一个非常明显的变化就是大学数量剧增。1950年世界上所有大学生的数量只有660万人，1988年就已经增加到5800万人。你看增加的数目多大？以台湾地区为例，台湾地区在1950年左右大概只有8.6万个大学生，到了 1988 年就有 180 多万人。1940 年，全世界只有约 3500 所大学，可是到了 1988 年已经到了约 2.6 万所，我们可以推算，今天大概会有 3 万所大学。

在"二战"之后，美国的 18 岁至 22 岁年龄群中可以进入大学的大概是 20%，到今天超过了 50%。在经济发展中国家，在劳动力的需求上，需要大学学历以上的，五十年前只是占百分之十几，现在增加到 30%，有的甚至到 50%。从这一点你可以看出，知识力与文化力同整个社会发展的相关性——而大学就是创造和培育知识力与文化力的地方。

上面，我讲大学在现代社会的功能，现在我讲"大学之道"的古与今。"大学之道，在明明德，在亲民，在止于至善。"我是用朱熹的解释。"大学之道，在明明德"，就是使人内在的、先天赋予的光明的德性发挥出来；"在亲民"就是使得一般民众都能够得到好的教化，然后达到"止于至善"。这是"大学之道"。"大学之道"是大学之理念，大学之路。在中国古代，"大学"二字有另外的用法，并不指我们现在的大学，大学是指"大人之学"，是相对于"小人之学"讲的。8 岁小孩入小学要识文及懂得洒扫应对之事，但是到了 15 岁就要读大人之学了，要懂修身、齐家、治国、平天下之道，学习四书五经。所以"大学之道，在明明德，在亲民，在止于至善"，它是把个人的道德、成才，和齐家、治国、平天下连在一起，要求达到至善的境界。大学终极的目标有一个：至善——道德的、伦理的最好境界。世界的秩序、文明的秩序必须有伦理这一面，就是伦理的秩序、道德的秩序。中国过去的四书五经和西方的《圣经》一样，都是讲德性，是德性的知识，或者希腊人讲的"实践知识"。

我们常常对一个不讲道理的人说，你这个人读过书没有？一个读书人应该讲道理，不读书才不讲道理。古人说："读圣贤书所为何事？"做人啊！你要懂做人，过去经书里主要是讲如何做人，如何建立一个好的社会、一个善的社会。经书的知识我们可称之为价值的学问——好坏、对错，有价值的判断。你看看我们大学的一些校训，都是这样的。譬如说我去年到东南大学演讲，我问他们校训是什么？他们告诉我是"止于至善"。我们香港中文大学是"博文约礼"，"博文"之外还有"约礼"，都是讲怎么样做人。

现代大学注重研究、创造知识，但同时也重教育，重视怎样培育现代的公民。用蔡元培先生的话讲就是为国家培养"完全之人格""共和之人格"，就是培养"全人"。钱穆先生讲，中国过去的学问有三个系统：人统是做人的学问系统；另外一种是事统，是做事的学问系统；还有一种是学统，就是以学问本身为系统。他认为中国最重要的是人统，西方的中世纪大学也是讲人统。人统就是要讲做人之道。我退休之后开心的是有时间看DVD，我想你们不可能不看DVD吧？大家不要小看电影电视，这是现代表现文学想象极重要的载体。我第一个看的是什么电视剧？《大长今》！我是从头到尾都看了，好得不得了。我越看越觉得像中国的电视剧，很多是讲中国的东西，中国女性最好的也像大长今，不仅仅是因为女主角漂亮，而是她表现的一种美德，是中国传统的女性美德。还有《医道》，还有《商道》。深圳很多人做生意，有没有看过《商道》的？有没有看过《医道》的？人不多。你们没有看过的人要记住，《商道》《医道》也要看。为什么？《商道》《医道》讲了半天也是中国的道。《医道》《商道》讲的什么道？讲的是做人之道，你要做一个好的医生你必须先做一个好的人；同样，你要做一个好的生意人你也必须先是一个好的人，这就是做人的学问，这就是中国以前学问中的人统。

　　现在的大学老师除了教学之外必须做研究，必须在知识的创造上有贡献，否则他的职位就保不住，升不了级。研究是现代大学里，尤其是研究型大学里必须要做的事。但大学里，研究与教学必须有一个平衡点，太偏重知识的追求，太偏重研究，太偏重你发表什么东西，都不行。很多老师就不愿意把时间放在教学上，那就偏了，不好了。依我看，培育下一代人才，培育下一代"知识人"，是大学功能中的重中之重。讲到"知识人"，讲到知识，我们要明白，大学在知识的性质上也已有了转变。现代大学基本上是教人求真的知识、理性的知识，而不是求善的知识、价值的知识，也即不是讲德性的知识。德性的知识是价值的学问。因此两种知识出现了失衡。为什么？因为现代大学的大学之道不同于以前的大学之道了，现代大学之道变成："大学之道，在明明理，在新知，在止于至真。"追求真理，追求"至真"，不是寻求"至善"。这个说明了今天的大学，尤其是研究型的大学，终极的目标是创造知识，是研究。现代大学其实应有两个同等重要的功能：一个是培养人，一个是创造知识。现在这两者间的关系比较紧张。这种紧张使得现代大学的功能失去了平衡，就是在"求真"方面成绩做得好，在"求善"、教学、培育人方面相对地减弱。

我要讲一本书，是刘易斯写的《失去灵魂的卓越》，副标题是"哈佛是如何忘记教育宗旨的"。刘易斯是哈佛大学哈佛学院的院长，做了很多年。他说，哈佛在创造新知方面十分卓越，但是哈佛把怎么样提供好的教育的责任忘了，不再讲你应该怎么做人（不再讲"德""智"并重）。大学的知识谱系里不再包括讲价值的东西。大学本来是求"至善"的，但现在是求真理，讲科学，讲理智性的知识，讲你的病是怎么产生的，讲天体是什么结构的。在科学研究上做得很出色，但在伦理的反思上就极少，以至于在教育上出现了偏失。有人说刘易斯是一个勇敢的人，写了一本勇敢的书，他对母校哈佛这样的批评是很勇敢的。其实，我告诉各位，他的批评也适用于全世界的现代大学，特别是现代的研究型大学。

蔡元培先生是中国现代大学范典的建立者，他知道大学把经学拿掉了，但大学中不能没有道德教育，他提出以美育代替宗教的主张，宗教包含道德，也可说是以美育来代替德育，这是非常有创意的。他非常重视道德教育，亲自教授美学一课。此外，他还成立了进德会，参加的师生都变成会员，旨在增进道德修养，对学生来说德育成了一种课外的教育。

我今天特别要讲大学之道有古与今，两者不能分开，必须合而为一。如大学之道只为求真，不为求至善的话，现代大学就不能完成它的两个基本功能。根本上讲，大学应该对价值的学问与理智的知识同等重视。我认为大学都要有人文教育与通识教育，其中应包括学习中国过去的经典，特别是四书。于丹不是讲《论语》吗？大家都喜欢看，她就做了一件好事。像《论语》《孟子》这些书都可以在大学里开一门课。我不知道你们有没有读过《孟子》，我在大学一年级时读《孟子》，《孟子》读了以后，身体里会生一种浩然之气。它会转化气质，对你们个人的思想、行为都有帮助。你们是不是可以去买一本来读读？深圳的书店一定有。

古今"大学之道"之变，也是中国学术文化之变，其根源则在"从经学到科学"的转向。百年来，科学系统渐渐建立了，科学教育也渐渐普及了，但价值教育却失位了，求"善"的道路却狭窄化了。这是我近年来研究关注的重点，也是我准备写《大学之理念》之续篇《再思大学之道》的动因。

深圳三十而立，我认为未来的另一个三十年对深圳性格的形成比前三十年还要重要。你们有文化立市的自觉和自许那是非常值得恭喜的。但是我也要告诉各位，文化不是短时间内做得出来的，需要相当长的时间。你要发展文化，文化也需有一些基础的设施、基础的结构。经济的发展有经济的基础建设，政治的发展有政治的基础建设，文化也是一样。我举一个例子，我现在演讲的这个地方，是音乐厅，这就是文化的基础建设。你们的书城，据说是国内最大的一个书城，这也是一种文化的基础建设。你们有体育馆，这也是文化的基础建设，体育也是很重要的东西。还有其他很重要的，像博物馆等。我告诉各位，大学就是树立学术文化的最重要的基础建设，这是一个重要的城市、一流的城市、伟大的城市必须要有的，它不是奢侈品，而是必需品，因为知识的创造源自这里，人才的培育也来自这里。不错，有的人未读大学一样可以变得非常有成就，但是现在是越来越难了。我们上一辈的人像钱穆先生没有读过大学，也成为大学的老师、大学者，但是这是少之又少的，是概率极小的事情。

深圳以它的人口结构，以它的经济力量，以它"文化立市"的发展愿景来讲，在未来三十年当中，还应该至少有五所好的大学。现在很多人都把自己看成是过客，走了就走了，移民社会好像没有根。根，是看地缘。问你是哪里来的？这是问你的家乡。又问你爸爸是谁？那是血缘，从你父亲那里可以想象你会是什么样的。我告诉各位，血缘和地缘在现代会慢慢变得不那么重要，以后是"学缘"重要。你去找工作，他会问你是哪所大学毕业的，他很少会问你爸爸是谁，你是从哪里来的。乡亲宗族的关系，不是现代的机制，大公司不会在意的，但他们一定会问你是哪所大学毕业的。因此一所大学的品牌很重要，你是一所有声誉的大学毕业的，就可推定你不会差到哪里去。所以"学缘"会变成你的身份和认同的要素，将来人家问：你是哪里毕业的？你回答：我是深圳的大学毕业的。深圳的大学就成为文化身份。深圳在未来的三十年，城市文化的发展是很重要的。深圳要成为一流的大都市，不只要有经济发展，也不只是物质发展，还要有文化发展这一块。我希望三十年之后大家可以说，我们深圳不止有五所大学，而且都是一流的。

　　谢谢各位！

大学与中国现代文明的建构[1]

一、前言

中国一百五十年的现代化运动，其原初动机就是富国强兵，但就其本质言，实是自觉或不自觉地开启了中国文明的大转型，即从一传统的前现代文明向一新的现代文明的转型。[2]故我曾言，中国现代化的终极愿景，是建构一个中国性格的

---

〔1〕 这篇文字是根据我于 2013 年 4 月在南京大学所做"再思大学之道"的讲稿，及 2014 年 11 月在江西师范大学所做"大学与中国新文明的建构"的讲稿，整合增补而成。我对两所学府邀我演讲之感情十分感念，而对二校优美景观与学风留下美好记忆。林晖教授伉俪陪我与元祯到江西师大，并安排白鹿洞书院之游，终生难忘。

〔2〕 参阅金耀基：《中国文明的现代转型》，广东人民出版社，2016。

现代文明秩序。[1]实际上，一百五十年来，特别是半个世纪以来，中国的现代文明的格局已经成形，此所以我认为李鸿章当年所说中国三千年未有之变局之真正意义在此而不在彼。对于中国三千年未有之变局的"巨变"，我曾以中国现代的三大主旋律做一理论性的诠释，此三大主旋律正是中国文明的三个基本面的转型，即：

（1）从农业社会经济转向工业社会经济

（2）从帝制君主转向共和民主

（3）从经学转向科学

我在《中国文明的现代转型》对此已多有论述，但拙著对三大主旋律之"从经学转向科学"未有专文申论，今天讲"大学与中国新文明的建构"，就是专说"从经学到科学"这一现代化的主旋律。这一主旋律是中国现代化中最根本的，涉及中国文明的教育、学术与文化的转变。说到底，科学或应说科学的新文化是建构中国新文明的核心元素，而大学则是科学新文化的最重要的载体，所以我要从传统的"太学"转向现代的"大学"说起。

---

[1] 参阅金耀基：《中国现代化的终极愿景》，上海人民出版社，2013。

二、从"太学"到大学，从经学到科学

甲　太学与经学

20 世纪之前的中国，是一个有独特文化性格的伟大农业文明国家。中国这个独特的文化的内涵就是孔子对以前流行的六艺——礼、乐、射、御、书、数，加以编辑修订，并加上述作的五经（《诗》《书》《礼》《易》《春秋》）。五经可说是儒学的核心内容，但孔子之世，他是私人讲学，经学无制度性教育机构之支撑（古代周朝的官吏教育机构为"辟雍"，诸侯设的学校为"泮宫"），儒家在春秋战国时也只有与道、法、墨诸学派争鸣的地位。直到汉代，董仲舒独尊儒学之议，为汉之国君采纳。汉武帝元朔五年（前 124）首创"太学"，设五经博士七人，学生五十人。在汉顺帝时，据《后汉书》言，太学学生扩张至三万余人。太学是最接近现代"大学"意义的国家的高等教育机构，太学的中心教育就是经学教育。太学与经学的密切关系成为传统中国教育的基本形态。

当然，传统中国的高等教育机构的名称与内容，二千年来非无变化。[1]就高等教育的"名称"言，晋代虽仍设太学，

---

〔1〕 李弘祺《学以为己：传统中国的教育》（香港中文大学出版社，2012）一书，对传统中国教育有一全面而深刻的论述，本人受益颇多。

到咸宁二年（276），又创立"国子学"（专收五品及以上官子弟）。隋唐时期，太学外，有"国子学"及"四门学"（专收十九岁以上男子）。宋代太学仍旧，但宋代私人兴学，书院地位重要，经学权威由太学转向书院。宋代末年，书院有三百到六百所，朱熹主持白鹿洞书院，是儒家道德教育之制度性建构。元代末年，书院成为主要高教机构，可能达九百所。在明嘉靖年间（1522—1566），书院更多达一千两百三十九所，明代亦多次摧毁书院，最后一次毁了的是东林书院（无锡）。经明一代，太学、国子学、国子监的名称已成为同义词。清代基本沿袭明制。

就高教机构的教育内容而言，自始至终都以经学为核心，应指出，唐代太学除儒经外，还包括道教（老子之学）作为官学教学内容，此外设有书学、算学、律学。宋代太学在经学外，设有律学、医学、画学，这些都是"技术性"科目。当然，宋代在经学教育上有里程碑式的扩大与提升，即是宋代之经学除继续视汉以来的五经为"经典"外，朱熹订正的"四书"（《论语》《孟子》《中庸》《大学》）也成为儒学的"经典"。事实上，自宋之后，四书五经成为中国神圣之书，读书人所读之书是四书五经，科举考的也是四书五经。（唐与北宋时，科举所考的内容还包括诗赋，而明中叶后，诗赋已成为文人的业余活动。）

我们可以简要地说，中国二千年的高教机构是"太学"，而"太学"的教学内容是"经学"，故冯友兰说自汉至清两千年来是"经学时代"，是很正确的。而自隋代起，科举制与高教制基本合一，读书人（儒生）因科举入仕，成为帝国治理体系的基本组成部分。这是文化系统与政治结构的互相渗透，可说是儒学制度与文化的融合为一。我曾称这种儒学为"制度化儒学"（institutional Confucianism），西方汉学家抑或因儒者为国家治理体系的中心，而称中国为儒者之国（Confucian state）。总之，太学与经学的合一是塑造中国的古典文明的一个根本力量。[1]

乙　大学与科学

大学英文是"university"，与"太学"虽只有一"点"之差，但却是不同性格的高等教育机构。大学是中国现代化之产物，它是从欧洲横向移植过来的。

清中叶鸦片战争后，曾国藩、李鸿章的洋务自强运动，是中国有意识或无意识的现代化运动的第一波。此一波重"开铁矿，制船炮"，可说是军事与国防现代化的先声，但同时亦

---

[1]　金耀基：《中国社会与文化》（增订版），香港：牛津大学出版社，2013，第239页。

在教育上有新措施，如设同文馆，除学西文外，亦设有科学之科目，如数学、化学等。李鸿章且曾建议增设"科学馆"而未果。甲午战败，朝野震撼，遂有康有为、梁启超的维新运动，是中国为自救而生的中国现代化运动的第二波，着眼于西方之所以强于中国的制度之探索。维新失败，君主立宪之路亦告终。唯此后亦有所谓晚清之"新政"，1905 年清廷下诏"废科举、设学校"则是新政之最有深远影响者。自此，中国出现了新式或洋式的学校（从小学到大学），北京的京师大学堂就是最有代表性的。就教育内容言，京师大学堂虽仍保有经学科，但科学的科目已堂而皇之进入大学之殿堂。

1911 年辛亥革命，推翻两千年帝制，建立亚洲第一个共和国，是中国现代化运动的第三波，是中国政治现代化的发端。时任中华民国临时大总统的孙中山，任命留德的翰林蔡元培为教育总长。蔡元培任内的大手笔是颁布了《大学令》，废除忠君、尊孔等封建思想，为共和国创立大学新制。大学设文、理为主的多种科目的知识结构，废除了"经学科"。《大学令》之最重大的历史意义是宣布了两千年的"经学"时代的结束，而同时科学则成为中国大学的核心。

1912 年，京师大学堂改名北京大学，首任校长严复依《大学令》之精神，把经学的部分内容并入文科之中：

（1）《诗经》《尔雅》→文学

（2）《易经》《论语》《孟子》→哲学

（3）《春秋》《尚书》→历史学

1917 年，蔡元培任北大校长，他说，把经学并于文科，"与德国新大学不设神学科相类"。在这里，我想指出，蔡元培为中国创建的大学制是借鉴德国的新大学的。须知，西方的大学发源于欧洲的中世纪大学，有八百年历史的欧洲的中世纪大学是以《圣经》为教学核心的，此犹如中国的太学是以四书五经为教学核心一样。但到了 19 世纪，德国的大学革新，引进科学，而把神学请出大学。故蔡元培构建的中国大学是以欧洲的新大学，或者说欧洲的现代大学为模型的，其学术核心是科学。

由太学到大学是中国高等教育制度之变，由经学到科学是中国学术文化之变。大学是中国现代化之产物，而大学的成立亦因此成为中国百年现代化的根源性的动力。

三、中国的新文化与工业文明

民国初年的新文化运动是中国现代化的第四波，这是中国的思想文化的现代化。这个运动对中国传统文化做出了全面性的批判，其焦点则是对儒家文化的批判，因而有"打倒孔家店"之说。新文化运动的领导人陈独秀所倡导的"伦理革命"的对象实不外是儒家之经学。

新文化运动标举"民主"（德先生）与"科学"（赛先生）两大旗帜，这是中国新文化追求的目标性价值。诚然，民主与科学从 1911 年辛亥革命，甚至 1905 年晚清"废科举、设学校"以来，已经成为中国新知识人的共同向往。经新文化运动的推动，德先生与赛先生，特别是"赛先生"更受到青年学子的欢迎。大学里的科学，长期以来是学生选读最积极的科目。事实上，新文化运动的核心就是科学文化，而大学正是科学文化的主要基地。至于大学教育，在 20 世纪之初的 1909 年，全国就已有一百二十三所官办高等院校，学生人数已达二万二千人。其他私办，特别是西方教会举办的高等院校也卓有成果。今日回首看，中国自晚清出现的民族工业，虽一波三折，但始终在中国工业化的道路上行走。诚然，中国 20 世纪工业化（其实就是中国的经济发展）之道路，曲折崎岖，民国建立后，先有军阀之战乱，继有长达十四年的日军侵华，再有国共内战，中国工业化之路可谓艰苦险阻，但还是取得一定的成绩。推究其源，实因大学培育的科学知识与人才发挥了重大的作用。1949 年后，国民党在台湾，共产党在大陆，分别展开了不同的工业化之路。简单说，台湾走的市场经济之路，逐步完成了从农业向工业的转型，到了70年代后期，已跻身"亚洲四小龙"之一，成为十分成功的新兴工业化社会。至于大陆，1949年后，第一个"五年计划"，走的是斯大林的重工业建设道路，取得可观的成绩。但50年代后期，全国发起"大跃进"和反右运动，紧接着60年代中期，更爆发了"文化大革命"，一大步一大步地走上"非工业化"及"反工业化"之路，也是一大步一大步地走上"非现代化"和"反现代化"之路。之所以造成这样的悲剧，其要害之一是反智、反知识（如"知识无用论""批白专道路"等）。在"文革"时期，中国知识人（读书人）遭受了三千年来从未被如此边缘化的命运。也因此，中国的大学教育（当然包括科技教育）中断了几近十年。1977年，邓小平复出，他最先最重要的"拨乱反正"，就是重新端正科学与教育（科教兴国），以此恢复了高考，重启了大学，为发展"四个现代化"填铺了基石。

1978年的"改革开放"政策，可以看为一百五十年来中国现代化的第五波。这一波现代化，从"以阶级斗争为纲"转为"以经济建设为中心"，并以解放生产力为重中之重。"改革开放"的政策口号与浩劫结束后人心"望变""求变""能变"

的心理是贴切相符的，也是与 70 年代世界出现的经济全球化的形势十分相应的。回眸过去改革开放的三十余年，中国大陆真正发生了翻天覆地的变化。20 世纪末，中国大陆已成为"世界工厂"；本世纪初，更成为世界第二大经济体。中国的工业化、城市化全面快速发展。今天工业人口已达全国人口之半，城镇人口也已近半，交通、信息化之发展更接近国际水平，人民的衣、食、住、行、娱乐等生活领域呈现的是工业文明的面貌。中国大陆是三千年来第一次决定性地由农业文明向工业文明大转型。

中国工业化之所以能在短短三十年中取得如此神速的发展，原因很多，其中一个十分重要的原因，是巨大的外资与技术持续地蜂拥而入（很多年中，每年的外资逾 500 亿美元）。数以万计的工厂、公司纷纷成立，而中国又能提供庞大的劳工队伍，源源不绝。但至为关键的是数以万计的工厂、公司还需要十倍百倍以上的科技人才，这不可能仅靠海归或外域人才的供援。事实上这个庞大的人才群，只有靠中国本身的高等院校来提供。就此而言，大学（指整个的高等教育体系）是中国科技知识与人才的基地，从 20 世纪到今天，这一百年来，以科学为核心的新文化已越来越丰富，越来越有影响，而新文化特别是科学文化则无疑是建设中国工业文明的主要力量。

四、大学的制度力与大学的知识结构

甲　大学的制度力

17 世纪西方发生了一个知识上的革命，那就是牛顿领头的科学革命（scientific revolution）。到了 20 世纪又发生一个知识上的革命，可称之为技术革命（technology revolution）。当然，科技是根于科学的，20 世纪出现知识爆炸现象，应视之为科学知识的大发展、大跃升。博尔丁在他《20 世纪的意义：大转型》中指出，20 世纪是科学（包括社会科学）大上升的世纪。那么，为什么 20 世纪会出现科学的大上升呢？他提出一个很好的观点，他说科学在过去只是业余的工作，到了 20 世纪，才有"专业全职"的科研人员，科研成为社会有机的组成部分。我认同博尔丁的观点，我更想提出大学制度的"制度力"是造成科学在 20 世纪的大上升、大发展的基本力量。

我们知道，科学之大发展要靠有科学的群体，过去中国没有，西方也没有。英国在 1662 年成立了皇家学会（Royal Society，牛顿在 1703 年任会长），1666 年法国成立了法兰西科学院（Institut de France）。英法都出现新的科学群体，但这些科学群体人员毕竟不多，也并非真正"专业全职"的科研人员。这只有到德国现代大学诞生，科学进入大学之后，特别是"二战"末期,"研究型大学"诞生后,才真正出现了庞大的"专业全职"的科研群体(也包括人文学者的群体)。我们试想想,即以中国来说,中国大陆现有一千六百所大学(当然并非全部为研究型大学),总共会有多少"专业全职"的教员和研究生?百年来(20世纪),中国当有数以十万计的"专业全职"的教员和数以百万计的研究生,他们都是专业地全职地做研究,这是过去三千年所未有的,只有在20世纪的中国才有。大学的制度设计的"制度力",无疑造成今天中国在科学上的成绩与人才。美国著名史学家弗格森(Niall Ferguson)说,自1995年以来,中国发明家获得的新专利数量已成长为原来的二十九倍。他说"这是东方崛起的一项表征",又说:"西方衰退而东方崛起最具说服力的证据是教育。"[1]

乙 大学的知识结构

20世纪初,蔡元培任教育总长时所颁布《大学令》中,确定大学分为文、理、法、商、医、农、工七科,而以文、

---

[1] Niall Ferguson, *Civilization: The West and the Rest*, New York: The Penguin Press, 2011. 中译本为尼尔·弗格林著,黄煜文译:《文明:决定人类走向的六大杀手级Apps》,台北:联经出版事业公司,2012,第395页。

理为主体。20 世纪中叶以来，综合性大学的知识结构一般分为几个领域：（1）自然科学；（2）人文学科；（3）社会科学；（4）各种专业学院，如医、工、法、商、教育、传播、社工等。60 年代，英国剑桥大学的斯诺爵士提出大学出现科学与人文学两个文化之分立与隔绝，引发大西洋两岸英美学术圈的争议，美国哈佛的社会学家帕森斯则以社会科学为"第三文化"，至于各个专业学院，或可称之为"第四文化"。以今日言，问题也许不是斯诺所说的"两个文化"的分立与隔绝，其实，一个最显著的趋势是科学（第一文化）强力渗透到社会科学及各个专业学科（即第三文化与第四文化）；社会科学及各个专业学科，绝大多数都以科学为范典，或以科学为自我定位。[1]更值得注意的是，即使在"人文学科"中（第二文化），特别是语言学、历史学，也有不少学者以科学为范典，因此，在某种意义上说，"人文学科"已成为"人文科学"。总括而言，大学的知识体系中，科学的精神气质已强力渗透到其他的学术文化中。社会学家帕森斯，把现代大学的知识体系叫作"认知复合体"实非虚语，而贝拉等学者指

---

〔1〕　参看金耀基：《范典与社会学的发展》，收入《社会学与中国研究》，香港：牛津大学出版社，2013，第 1—26 页。

出大学（特别是研究型大学）已出现了一种"知识的科学范典"，此是说所有知识都以科学为圭臬与尺度了。其甚者则把科学与知识等同为一，换言之，唯有有科学属性的知识才算是知识，也就是说"非认知性"的知识已不能算知识了。诚然，这是"唯科学的知识观"，也即是"科学主义"。当然，科学主义已受到严厉的批判[1]，"知识的科学范典"的知识观也受到严肃的质疑。但实际上，科学知识之当阳称尊是显而易见的，无可讳言，讲"价值"的伦理学或人文学则相对地被边缘化了。此所以我十余年来一直指出，今天的"大学之道"与《大学》一书中所讲的"大学之道"已大不同了。《大学》中所讲的是：

大学之道，在明明德，在亲民，在止于至善。

而今日大学中实际上是：

大学之道，在明明理（明科学之理），在新知（创科学之新知），在止于至真（科学之真理）。

---

[1] 参见本书《从大学之道说中国哲学之方向》一文。

古今"大学之道"之异，在于古之大学之道在求"善"，而今之大学之道在求"真"。这个古今之变，从根本上说，反映了我所说的中国现代化的第三个主旋律——从经学到科学。在这里，我特别想指出，在中国现代化中大学的学术文化之变是从经学到科学，而在西方大学，则是从神学（《圣经》）到科学。中国的经学之终极目的是求"善"，西方的神学之终极目的亦是求善。到了 20 世纪，中西方的现代大学知识体系中，没有了经学、神学，都变成了或多或少的"认知复合体"，也即在大学的知识结构中，以求"善"为目的的"德性之学"（"德性之学"是相对于科学之为"知性之学"，亦即"认知性之学"而言者[1]），或讲"价值"的"价值教育"，已经"失序"。2006 年，刘易斯的《失去灵魂的卓越》一书，加强了我对古今的"大学之道"的看法。刘易斯说哈佛大学在科研的创新知识上是"卓越"的，但哈佛在本科教育上是失败的，已没有了"灵魂"，他说哈佛已不知什么是"好的教育"。刘易斯认为大学教育的责任是"使学生的脑与心一起成长——使学生成为一个学识与德性兼有的青年"，但他批评哈佛说：

---

[1] 参看牟宗三：《略论道统、学统、政统》，收入《生命的学问》，台北：三民书局，1970。

　　　　大学已失去，诚然，已自愿地放弃，它铸造学生灵魂的道德权威。

　　我要毫不保留地说，刘易斯对哈佛大学教育的批评，可以适用于现在所有研究型的大学，西方的，中国的，包括中国香港地区的与中国台湾地区的都不例外，最多只是程度上不同而已。刘易斯教授应该知道，现代大学之所以忘掉什么是好的教育，归根结底，就是因为大学只是把求"至真"看作教育的终极目的，而忘掉了或放弃了古代（中西皆然）大学是以求"至善"（或亚里士多德所谓 the highest good）为终极目的的。所以我要严肃地提出，古之求"至善"的大学之道，与今之求"至真"的大学之道，两者不可偏废。古与今的大学之道必须兼重并举，唯如此，大学在科研上才能"卓越"，大学教育上才有"灵魂"。

五、大学与中国现代文明的建构

　　2013 年上海人民出版社为我出版了《中国现代化的终极愿景》论文集，我指出一百五十年的中国现代化之终极目标是要缔建一个"中国的现代化文明秩序"，它应包括：

（1）一个有社会公义的、可持续发展的工业文明秩序

（2）一个彰显共和民主的政治秩序

（3）一个多元开放、兼有真善美三个范畴的文化秩序[1]

中国现代化文明秩序的建构，说到底，靠的是知识（是多维度的知识，不是单维度的科学知识）。现代大学，如克尔所指出，是"知识产业"的重地。无疑的，中国的现代大学负有缔建中国新文明的重要责任。缔建中国的现代文明秩序，主要的是要彰显"中国性"与"现代性"。所有"现代文明"都会有一定程度的"共性"（如工业文明、科技文明），但"中国性"则因中国的民族文化的发展有自己的"国情"（如发展阶段），特别是民族文化长期汰旧换新的过程中积淀而显发出来的文化传统，必成为中国现代文明中的"特性"。我上面提到"中国的现代文明秩序"中要包括"一个多元开放、兼有真善美三个范畴的文化秩序"，这是说在"文化全球化"的时代，中国必然向世界开放，与多元的世界文化交流、互动，彼此借

---

〔1〕 关于中国现代文明秩序的具体内容，我在 2014 年高雄中山大学的"余光中人文讲座"中的"中国现代化与文明转型"及"大学教育的人文价值"二讲中做了简要具体的表述。前讲见《中国文明的现代转型》，广东人民出版社，2016；后讲见本书。今我在此再做细微修正。

鉴学习，但亦正因文化的全球化，中国的文化传统才更被激活、激发。我相信，并已经看到、体认到，中国求"善"的伦理文化与求"美"的审美文化，正在中国出现的现代文明的大场景中以新面貌、新精神渐次展现于人间。

在今日世界范围内，欧美的"现代文明"是最早，也是唯一"已完成"的形态，但唯一或最早的"现代文明"并不具有"范典"的地位。[1]诚然，缔建中国的现代文明，应该也必然以"西方现代文明"为参照体系，但是却不应，也不可能完全模仿、照搬。如实地说，20世纪中，西方的现代文明确有辉煌灿烂的一面，但无可讳言，也有"黑暗"的一面（两次世界大战），因此西方现代文明不能是"现代文明"的普世范典。研究世界文明冲突的著名学者亨廷顿（Samuel Huntington），就认为西方文化缺少成为世界文明新秩序的普世的正当性与可能性。他说："西方人对西方文化的'普世性'的信念，有三个问题，即这是虚妄的、这是不道德的、这是危险的。"[2]

---

〔1〕 参阅金耀基:《东亚另类现代性的兴起》，收入《中国文明的现代转型》，香港：牛津大学出版社，2014。

〔2〕 Samuel P. Huntington, *The Clash of Civilizations and the Remaking of World Order*, New York: Simon & Schuster, 1996.

史学家许倬云在最近的新著《现代文明的批判》[1]论述中，指出西方现代文明（特别是美国的现代文明）已面临种种"困境"，已进入"秋季"，已是"日薄西山"，由兴盛走向衰败了。许先生认为美国的现代文明的基石，如资本主义的经济制度，主权为本的国家体制，乃至民主政治、个人主义，无不已经变质、异化、松弛、败坏了。在美国生活了半个世纪，他更深感西方现代文明的精神世界已出现了人的失落、社会的失落，而呈显生命意义与存在意义的危机。显然，许倬云也认为西方现代文明已不具现代文明范典的正当性了。当然，许先生对人类的未来是仍抱希望的，他也承认西方现代文明"确实有其自我调整的机制"，但他真正希望之所寄，则是人类能创造他希望的"第二个现代文明"。

许倬云教授感于西方现代文明的失败，从而把希望寄托于人类能创造"第二个现代文明"，他这一论述，对我有很大的触动。因为我四十年来对中国现代化的终极想象和终极愿景就是中国的现代文明秩序的实现。我不知"中国的现代文明"是否能成为许倬云所希望的"第二个现代文明"，但我相信"中国的现代文明"将会是一个有中国文化性格的现代文明。

---

[1] 许倬云：《现代文明的批判》，台北：天下文化出版公司，2014。

中国的现代文明的缔建是需要全民族长期努力以赴的共业，大学则是关键性的组织体，因为它是为缔建中国现代文明提供必要的知识与人才的重地。

附　录

中国的现代转向要靠第一流的大学^[1]

——答李怀宇问

　　香港中文大学依山傍水，美得让人心醉。社会学系的金耀基办公室宽敞雅致，到处都是书。金先生说："抱歉，书太乱了。"我说："陈之藩先生那里更乱。"他笑了。

　　这位大学校长在 2004 年荣休后，最快乐的事是有更多的时间看书。写书法也成了他近来的修为之一，以前很少有机会写毛笔字，如今重新提笔，顿感亲切。写字台上放着几个精致的烟斗，多年来，金先生的形象就与烟斗结合在一起，这个上午倒没见他抽烟。

---

〔1〕　本文是李怀宇 2006 年 9 月 20 日的访问稿，收入其《访问历史》（广西师范大学出版社，2007）。我在原本的访问稿上，将我的作答部分做了一些修改和补充。

自从步入大学之后，金先生就没有离开过。在大学生涯中，他有一半是学术，一半是行政。他在《海德堡语丝》中说："韦伯生活在两个世界，一个是热性的政治世界，一个是冷性的学术世界。他有两个声音，一个是对学术之真诚与承诺，一个是站在政治边缘上的绝望的呼吁。"我想，金先生的世界也可作如是观。

"我一生很幸运，年轻时看书，非常喜欢梁启超的东西，他的文字带有感情。我自己早期写《中国民本思想史》，假如会看的话，差不多是'梁体'。到后来我是有意识地走开了，学术性的论文更冷静，就算是散文的话，更不是'梁体'了。"回望自己的成长历程，金先生悠悠地说："梁启超之外，我对胡适之先生也是非常欣赏的，我听过他好几次演讲，他的风采非常好。至少我在中学之后，就很欣赏这两个人。以后就多了。"

王云五先生是不得不提的师长。金先生从书架上取下《王云五先生年谱初稿》，其中多处提到师生二人的交往。在金先生看来："一个人一生当中有很多人值得佩服。有些人可能是古人，可能是现代人，但是都可能通过一些现象来影响你自己，你自己可能不知道，有时是自觉，有时是不自觉。大学问家可以影响你，某一种政治人物的特别的东西也可以影响你，一件普普通通的事情也可能影响你。"在《明报月刊》的"人生小语"中，他写道："西谚：'[站]在巨人的肩上'。站在巨人的肩上，在做人、做事、做学问上都能使我们看得远。要晓得，它不是说站在巨人的脚下，也不是说站在巨人的头上。"

即使是荣休了，金先生还是关注时事，而思考的视野是放在全球化的大势之中。他对香港情有独钟，有趣的是，他的四个孩子都在美国读大学，1997年左右有三个孩子回到香港。他也常常去台湾开会，为台湾大学的发展献策。在谈话中，我惊诧他对大陆的事没有一点隔膜。即使是当年远游海外，他总不知不觉会联想起万里外的故国神州，最难忘情是山水。

金先生的童年在动荡的抗战岁月中度过。在他的记忆里，往往是这个月在一个地方上学，下个月跑到另外一个地方上学。抗战胜利后，金耀基在上海，1949年随父母到了台湾。金先生在成功中学读书，后考取台湾大学法律系，毕业后到政治大学政治研究所转念政治，师从王云五等名师，硕士论文是《中国民本思想之史底发展》。随后以公费生资格到美国匹兹堡大学念书。

李怀宇：到了台湾，你在成功中学的老师中有纪弦先生，后来他在美国还写信惋惜你当年不跟他学诗？

金耀基：成功中学是台湾最好的中学之一。那时候成功中学里有一些老师是可以教大学的。中国现代诗著名诗人纪弦先生是我的国文老师，我的国文成绩很高，但我不写新诗。

李怀宇：那时候在台湾是如何接受传统文化的教育？

金耀基：传统文化的教育是在家庭就开始的，在学校教育里当然也有。就算到了台湾大学以后，也曾念《孟子》，台大校长傅斯年主张，大学一年级的国文要教《孟子》，养浩然之气。有人讲，1949 年，蒋介石把黄金带过去了，把国宝带过去了，其实最重要的是相当规模的学者文人南下到台湾、香港。我事后想，这时候台湾的大学、中学在水平上、格局上有了根本性的改变。这时台湾也开始有了民主的苗头。

李怀宇：怎么会到台湾大学读法律？

金耀基：我父亲是读法律的。也许是受我父亲影响，但我第一志愿并不是法律。到法律学系后有点失望，我更发现我父亲在法律界的朋友里面真正能够发挥作用的并不很多。台湾始终没有真正建立起以法律为准绳的社会，到今天这个问题仍没有解决。还有一个原因，我上了大学后发现有的课要背讲义。我就喜欢自己看书，上课有的不大去，因为法律系有的老师是照讲义来念的，背熟了讲义我就不必去听课了。不过我还是把法律念完。

李怀宇：在台湾大学的大部分时间都是泡图书馆？

金耀基：我差不多把当时台湾大学法学院图书馆里有关文史的书看完，其实那时收藏也不丰富。那时候我的朋友圈很重视运动。我看书不是为考试。做了老师后我告诉学生，中学里的第一名和最后一名比，差不了太多，到了大学以后，假如你自己不好好读书，四年以后就会相差很多，不是拿第几名的问题，而是你自己有没有充实自己。台湾大学的好学生太多，到现在为止，还是中国人办的大学中最好之一。今天全世界用英语教学的第一流大学里，几乎都有台湾大学的毕业生在教书。

李怀宇：读完台湾大学，怎么去读政治大学政治研究所的研究生？

金耀基：在台湾大学时我对法理哲学很感兴趣，不是一般的法律，读深了之后很自然地跟政治、哲学有关系。那时候政治大学刚刚成立政治研究所，可以说最好的老师都在那里，王云五、萨孟武、浦薛凤、邹文海这些人都是当时第一流的人物。

李怀宇：在这里，你师从王云五先生，结下了终生的情谊。

金耀基：王云五先生是一代奇人。我始终不是把他看作一个纯粹学者，他有多方面才能，他是一个有现代意识的大文化人。我跟他很有缘。他 90 岁生日时，仰慕者为他铸一座半身铜像，他写信给我，要我写二百字短文，刻在铜像上面。我写了，他非常开心，还写信到剑桥称谢我。我那时在剑桥做访问学人。云五师去世之后，墓志铭是我写的，墓碑上的隶书不是我写的。云五师没有读过大学，但是把《大英百科全书》看完了。他的知识面不局限于人文学，对自然科学也非常了解。他居然可以教胡适英文。这么一位自学成才的人，跟孙中山先生不认识，就是在一次聚会里发表了演讲，孙中山先生就请他做秘书；他跟蔡元培也没什么交往，就是因为他有一个建言，蔡元培先生就请他到教育部做事。

李怀宇：王云五先生上课的风度如何？

金耀基：他上课从来不是随随便便的，总是准时到，讲课很投入，很热情。他讲课时给人的感觉非常亲切。他是一个非常会管理时间的人，人的时间除了必要的吃饭睡觉，其他的时间就要看你怎么用。

李怀宇：读研究生期间，你对中国的民本思想进行了深入的研究？

金耀基：我跟王云五先生写的硕士论文就是《中国民本

思想之史底发展》，后来出版了。我感觉到中国有民主的根苗，以民为贵的思想在中国社会是很重要的。我写了中国历史上重要时期对民本思想的看法，最后中国是要由民本到民主，民本是民本，民主是民主，差别很大。黄遵宪说"太平世必在民主"，他看到世界真正太平世就必须有民主，当然民主的表现形式可能是因不同文化、不同种族而有异。

李怀宇：这时如何关注台湾岛内的政治生态？

金耀基：政治学跟搞政治是两回事。很坦白讲，当时的政治还是一个威权政治，能够做到最好的，也只是民本，不是民主。那时候我真正关心的还是文化，当时台湾在进行中西文化论战，基本上是在重复大陆民国早期的论战。水平并没有高到哪里去，谈不出中国文化到底应该怎样解决。我在《狮子吼》杂志上写过一篇四万多字的文章。之后我就出国了，出国之后我最关心的是中国的现代化问题。

李怀宇：是什么样的机缘到了美国匹兹堡大学读书？

金耀基：在匹兹堡大学读了两次，是生命里的偶然。第一次是在台湾政治大学里选拔老师考试，留学一年，我考到了。那时候出国很难，同时我也没有钱。如果一年要读一个硕士学位的话就最好选匹兹堡大学，因为它是一年三个学期，努力些是可能做到的。读完硕士以后回台教书，大约一年后写了

《从传统到现代》这本书。过几年之后，我又考取了一个奖学金，钱是美国国会出的，全岛只有一个人。王云五先生不希望我走，希望我留下来帮他主持台湾商务印书馆的工作。后来我写了一封长信给他，没有口头讲，因为口头对长辈讲不好。我的意思是说：我现在在台湾商务印书馆不能像他那样，他是吐丝，我年轻，没有东西吐，正是蜜蜂一样酿蜜的时候。这封信他一直保留着，后来在他的年谱里都有，我每封信他都保留。我第一次去匹兹堡大学拿了一个硕士学位，第二次就拿了博士学位。很妙的是，香港这个地方，有三个大学校长都是匹兹堡大学毕业的，都是在那边拿博士的：我、徐立之（香港大学校长）、谢志伟（香港浸会大学校长）。

李怀宇：到匹兹堡大学留学对你在学术上有什么样的影响？

金耀基：我很喜欢匹兹堡大学。我主要读组织管理与国际政治，自己的倾向还是偏重于社会学。20世纪60年代是社会学的黄金时期，那时候真是如日中天。我现代化的论述都是从社会学里面得到知识的奥援。我念的知识面是多元的，看问题不是纯粹地从一个学科观点来看，当然最后还是社会学影响我最大，我几十年都从事社会学的教学与研究。匹兹堡大学五年，对我影响甚深，不仅令我知识大开，也坚定了我"以学术为志业"的信念。

李怀宇：留学对中国学生来讲，是不是很重要？

金耀基：我觉得很重要，尤其是当我们自己的大学制度还不是十分完善的时候。19世纪时欧洲的大学是全世界最好的，"二战"以后美国的大学得天独厚。我想到亚洲的兴起，首先日本崛起，然后是"亚洲四小龙"，然后是中国大陆。亚洲的兴起最重要的一个环节是大学的兴起，没有大学的兴起，亚洲就兴不起来。今天的学生如果有机会到欧美第一流的大学去留学，我是很赞成的。

从美国回来后，金先生在政治大学教书，又在台湾商务印书馆兼任编辑工作，开始有系统地在他主编的《出版月刊》上发表关于中国现代化的文章。台湾大学、政治大学的同学陆续请他去演讲，他不仅乐意，还很兴奋，希望把自己的看法介绍给大学生。1966年，出版《从传统到现代》。

李怀宇：回到台湾后，你一边在政治大学教书，一边在台湾商务印书馆工作，和王云五先生共事？

金耀基：对。那时候王云五先生做台湾商务印书馆总编辑，我是副总编辑。我在楼上，他在楼下。当然，这是云五师对我青眼有加，而我又有贴身机会体认和学习他的做人、做事。在20世纪的中国，他确然是一位有自己面目的第一等人物。

李怀宇：你对中国的现代化的思考在写文章和演讲当中也日渐成熟了？

金耀基：那时候我应邀到台大、政大演讲，一系列的演讲就形成《从传统到现代》这本书的构思。我认为现代化是台湾应有也是唯一的出路。多年后，我读到诺贝尔文学奖得主帕斯（Octavio Paz）论墨西哥前途的文字，他认为墨西哥是"命定的现代化"。墨西哥伟大的文明在现代化过程中虽遭到损坏，但他坚信现代化是墨西哥非走不可的一条路。这正是我当时对中国的想法。

李怀宇：在《从传统到现代》一书出版之前，你跟殷海光先生有一段特别的交往？

金耀基：我记得书里的文章大概是在杂志里先后发表了。有一天，陈鼓应和陈平景到台北的商务印书馆找我，他们两人一直跟着殷海光先生的，他们说："殷先生想请你喝咖啡。"那时候殷先生在某种意义上是被人家避讳的人，去见他总是会有一些监视吧。我自己是不怕这些事情的，我没有做坏事情。殷先生虽然没有教过我，但他是台大的教授，基本上是师友的关系。我去了殷先生家，看到殷先生把我的文章做了很多圈点，他说："你怎么会有这样的想法呢？我搞了这么久才想到这些问题。"他后来发表《中国文化的展望》，差不多跟我的《从传统到现代》同时。殷先生的咖啡都是他器重的学生像林毓生、张灏这些在国外很有成就的学者送给他的，他请我喝咖啡是不寻常的。我也很感动，他对事情那么认真。最后到殷先生患癌症的时候，他的文章的论敌徐复观先生托我把三千块钱送给他。徐复观先生在痛悼亦敌亦友的殷海光一文中还提起这件事。

李怀宇：1966年，《从传统到现代》出版，在台湾影响很大。

金耀基：当时只要是大学以上甚至是聪明的高中学生假如要谈文化的事情，没有看这本书是不可能的。本书为什么影响那么大？我想因为这是第一本有系统地谈中国现代化问题的书。

李怀宇：这本书1966年出版到现在正好是四十年。

金耀基：四十年来，到2004年我从中文大学校长退下来以后，出版了《中国的现代转向》，当然对中国现代化本身反省更多了，但是认为中国必须现代化的观点没有变。我写的学术性论文，也是谈中国在现代化过程中政治、文化与经济转变的问题。中国社会这一百年是一个大转变大转型，根本上涉及文化思想和价值观念的变化。1905年，废科举是中国学术文化重要的改变，中国废科举之后才有现代的大学，大学里讲的学问已经不是经学，不再是为了科举考试。这个变化是根本性的，中国的士大夫退出历史舞台，今天中国的知识层已经不是士，更非士大夫了。废科举是中国文化宇宙的改变。1911 年，辛亥革命是政治宇宙的改变。孙中山说：四万万同胞，每个人都是"皇帝"。主权在民，这种观念今天也不是每个人都有，但是主权在民的观念基本在一般知识人的政治意识里存在，不管是国民党也好，共产党也好，讲的都是这些东西。中国以前是天子的统治，老百姓哪里能有做皇帝的意想？政治与文化改变了，社会也改变了。20 世纪 20 年代家庭革命，特别是妇女地位提高，妇女开始摆脱夫权。今天我们见到中国大学校园里有一半是女同学，当年北大进几个女学生已经不得了，这个变化对中国来说是太大了。中国的社会、政治、文化出现的大改变，这是中国的"现代转向"。

今天香港之所以在很多方面是中国所有城市里最现代化的，是因为它在很多重要的制度层面上是最现代的。法治、商业行为都有一套制度，香港的跑马也是制度化的。就整个中国而言，还远远没有完成制度的现代化。在中国现代化这个过程中，出现了全球化。全球化的出现从某个意义上来讲，就是因为全世界都在现代化，不管你的古老文明是怎么样的，都要现代化才能发展。不同的国家都在现代化，才可能出现全球化。但是全球化也必须与现代化分开来看，我们过去一百年完全落在东西观念的冲突与结合中，而今天的观念碰撞与交流则是全球对 local（本地）。今天的香港是一个 local，广州是一个 local，北京是一个 local，纽约也是一个 local，巴黎也是一个 local，但是有一些 local 里有很强大的现代性和全球性。全球与本地是一个辩证的关系，我们今天进入的世界是一个非常不同的世界。中国的现代化已近一百五十年历史，我希望在 21世纪，中国的现代化能完善成形。我相信中国的现代化最后是建造一个现代的文明秩序。

李怀宇：唐德刚提出中国走出"历史三峡"，是在 21世纪中期之前。

金耀基：整个中国现代化是在清末开始，已经跨越了三个世纪。中国的古典文明秩序在 19世纪末叶起已逐渐消解，这一百多年来，文化输入太多，文化输出太少，完全不平衡。现在的中国知识人，不可能只局限在过去的传统，一定要与世界接轨。到今天为止，我们在各种层面如何现代化，仍然是问题重重。我们应该在批判传统中现代化，也必须同时对现代化在批判与反省中重建传统。中国的现代化大业在 21世纪完成，我是有期待的。

1970 年，金先生到香港中文大学执教。1975 年到剑桥大学访问研究一年，写了散文集《剑桥语丝》。他写道："由于她的不寻常的美，她的不寻常的迷人，我虽然无诗心文胆，也不能了无所动，也不由得不提笔写下我的所见所思。"1985 年，金先生到海德堡大学做访问教授半年，写了散文集《海德堡语丝》。他觉得"海德堡与剑桥是二种不同的美，二种不同的灵韵"。剑桥与海德堡这两个大学城原是一对姊妹城，而《剑桥语丝》与《海德堡语丝》也成了姊妹篇。

李怀宇：《剑桥语丝》写得真是迷人，让人读时，虽不能至，心向往之。

金耀基：1975 年香港中文大学正在改制，大学内部有不同的理念冲突。在我参与改制工作告一段落时，我拿到去剑桥大学邀请访问的通知，那真愉快啊！这样就没有这么多行政上烦恼的事情。我可以在天清地宁的剑桥的书院里，随心读书研究，自己对自己有一些交代。我素来就很喜欢文学，有了难得的清闲就开始写《剑桥语丝》。你看看徐志摩的剑桥，再看看我的剑桥，我比较从历史、制度和知识层面去看剑桥。我是很欣赏徐志摩这个人的，他的文章美，但写得太浓了。后来陈之藩也写剑桥，也写得非常好。我对剑桥有那么多感受，不吐不快。我的书写有三种文字，一种是学术性论文，一种是文化性与政治性评论，一种是散文。最能说自己话的是散文。我在剑桥是第一次写散文。十年以后，我去海德堡，那时候为什么写《海德堡语丝》呢？跟董桥有关系，董桥是写散文的高手，他眼高，手也高。他很有本事，不断写信约我写，我就一直写，写够另一本散文集。

李怀宇：《剑桥语丝》是你 40 岁时写的，《海德堡语丝》是你 50 岁时写的，两者就像一对姊妹，各有各的美。

金耀基：海德堡是山水之城。那时我对德国文化产生了很大的兴趣，看德国文化就要看大学。海德堡这个大学城太漂亮了，我喝德国白酒是在那时候开始的，到现在我还喜欢。《海德堡语丝》其实与《剑桥语丝》写得有些不一样，难说哪个较好些，但《海德堡语丝》写秋的几篇连我自己也喜欢。

李怀宇：《海德堡语丝》里的灵魂人物是韦伯。

金耀基：我到海德堡去，跟韦伯有关系。我到德国开会、做访问教授前前后后四五次，前几年海大的韦伯学大家施洛克特教授请我去做一年的"海德堡韦伯讲座"，我因在港中大工作关系，没有能接受，这是我学术生涯中的一件憾事。韦伯为什么那么重要呢？韦伯提出的几个重要的问题，到现在还是社会学重要的问题。至于他写的《中国的宗教》这本书，其实是讲中国社会政治与文化。韦伯不是汉学家，对中国问题能够讲得这么有深度真是难得之至。我想，几十年来中国问题的研究恐怕很多是从他这本书中的论点做一步的发挥。你要研究社会学，特别是中国重要问题时，差不多都是建立在与韦伯的对话、辩论、批评上的。韦伯有一个论点，对我产生很大的触动。他说，在一个知性膨胀的时代，往往一种道德的判断被一种品位（taste）的判断所取代，重要的是品位的高下，而不是道德的好与坏。这是非常深刻的美学的观点。当年蔡元培提出美育代替宗教，实际上是有以美育代替德育的意思，并赋予美育一个独立的地位。我觉得他这些看法跟韦伯的美学的论述有很相契的地方。这个问题，我在他处已有一些论述。

1977 年金先生任香港中文大学新亚书院院长，1989 年任中文大学副校长，2002 年任中文大学校长，2004 年荣休。参与中文大学三十多年来每一个阶段的发展，他的研究、教学、行政都与大学有关。金先生对"大学之为大学"深有研究，1983 年出版《大学之理念》，在台湾地区引起回响与共鸣，并在台湾的大学改革运动中产生了影响。此后，金耀基对"大学"这个课题的研究不断深入，希望能够继续引起关心中国大学前景者的一些思考。

李怀宇：《大学之理念》源于你到剑桥大学之后的思考和研究？

金耀基：在剑桥时，开始了我研究大学的兴趣。过去，在大学，念学士、硕士、博士，毕业出来以后做教授，但什么是大学？大学是做什么的？我以前并没有太认真去想。从剑桥开始，也许由于它的古老、美丽，特别是传统与现代的美妙结合，很想知道它的历史与发展，于是剑桥百年以上古典的书，我都从图书馆借来看。了解大学（特别是剑桥）是什么，了解它的来龙去脉。后来我回到中文大学担任新亚书院院长时，特别思考怎样让书院在现代大学里发挥作用。我对大学，尤其是大学与书院的关系，系统性地探索，先后发表了不少文字，最后结集为《大学之理念》。今天的知识创造基本来自大学。令我惊讶的是，英国工业革命是在剑桥、牛津的门口发生的。但"二战"以后，知识创造很少不是来自大学的。以前欧洲的大学是以《圣经》为知识主要来源，在中国则是四书五经，都是教做人。现在的大学特重知识创造。这是很不同的。我去年在北京大学做"蔡元培讲座"时，就提到这个问题，我认为蔡元培先生当年把大学视为"研究高深学问"的机构是受到为天下先的德国的现代大学之重研究、重知识创造的影响的。

李怀宇：说起来很妙，你是从剑桥大学回来之后当了新亚书院的院长，从海德堡大学回来之后当了香港中文大学的副校长。

金耀基： 做了行政工作，对个人研究工作会有影响，因此我从海德堡回来以后，希望不再兼做行政的工作。那时是高锟先生做校长，他是一位杰出学者，更是一个非常好的人，到我研究室来坐了好几次，在他拳拳盛情下，我只好答应做了副校长。因为我们是研究型大学，除了教学之外，还要研究。大学对每一位老师都有要求，我自己如果不做研究，不写论文，怎么可以讲话呢？至少每年要发表几篇像样的文章，对不对？教研外，再兼行政是非常辛苦的事情。我自己为什么进大学？就希望做点学问，希望写点儿东西，希望教书。我做的研究不是可以找一些人帮我找数据分析就可以完事的，我做不到。做理工的可能不同，我的治学研究方式比较传统，一点一滴都要自己做、自己想、自己动笔才能做出来的。在中文大学，我做副校长，还可能做点儿学问，但是 2002 年做了校长就难了。退休以后，我看书研究的时间比两三年前多得太多了。我很幸运，1970 年到了香港。现在是可以回头看的时候，从 1971 年麦理浩（Murray MacLehose）来到香港当港督起，香港开始由一个受殖民统治的普通城市变为走向国际化大都市，已经脱离了殖民统治的轨道。香港中文大学这三十多年的发展跟香港的转型是同步的。唯一不同的是，创校时，中文大学创校校长李卓敏就讲，中文大学必须是一个中国人的国际性大学，不是自己关起门来做第一。中文大学的毕业生也可以说在香港整个国际转轨中做出了很多贡献。同样道理，也正是香港在国际转轨中格调越来越高，支持了中文大学的大发展。

李怀宇：中国的现代转向与大学之理念，是你研究的两个重要课题，从深处来看，两者密不可分。

金耀基：我认为中国的"现代转向"最主要就是新的学术与文化起来了。我们现在大学里的知识谱系不是中国过去的，蔡元培把北大建立为中国的现代大学，在学科的设计中，就把经学排除了，如同德国现代大学排除了神学。这与大学的现代化与世俗化有关。中国过去有科举制，科举制与经学是分不开的，这是中国古代文明秩序的支柱，但是今天的大学的知识结构是很不同的，是建构中国现代文明秩序的重要资源。有人说，21世纪是中国世纪，我认为，如果没有五十到一百所的第一流大学的话，这是痴人说梦。欧洲成为欧洲世纪，美国成为美国世纪，都跟大学的发展有关系。美国许多一流大学也是在"二战"以后才真正发展起来的。我相信中国好的大学会越来越多，这跟中国的"现代转向"的成功有很大关系。

大学是"知识创建基地"[1]
——答李怀宇

在金耀基先生的研究室畅谈了半天，我们沿着香港中文大学的山路散步下来，金先生笑道："我退休几年后，学校里很少人会认出我，因为大学每年有三分之一到四分之一的学生毕业，每年又有三分之一到四分之一的莘莘学子进入大学。这是我最愉快的事。"共进午餐后，叫上咖啡，我们又悠闲地漫谈了起来。

2008 年，金先生出版了第三本散文集《敦煌语丝》，和第一本散文集《剑桥语丝》的问世已然相隔三十年了。在金先生看来，《剑桥语丝》和《海德堡语丝》都是生命

---

[1] 本文是李怀宇的访问稿，收入其《访问时代》，江苏文艺出版社，2012。我在原本的访问稿上，将我的作答部分做了一些修改和补充。

里的特别际遇：平常教学和行政工作繁忙，但是1975年到剑桥当访问学者，1985年到海德堡当访问教授，有了许多悠闲的时间，而这两地又如此之美，便不由得写了这两本"语丝"。从香港中文大学校长退任后，金先生有了更多的悠闲，六十年后重回故里，便写了《归去来兮，天台》，畅游丝绸之路，便写了《敦煌语丝》。朋友们笑道，金先生写起"中国语丝"来了。其实，金先生写中国最早的是1985年的《最难忘情是山水》。牟润孙先生读后，写过一封信托董桥转交给金先生，说那是一篇古今以来难得一见的美文。金先生抗战时随家四处逃难，胜利后曾回家乡天台住过很短的时间。1977年，写了敬悼父亲的《"相思"欲静，而山风不息》。如今回忆起来，父亲是"中国转型期出来的读书人"，本是天台深山老坳里的穷小子，祖母硬是卖掉田地让他到外地大学读法律，二三十岁时就做过几个地方的县长，很有政声。1949年，一家迁台后，父亲在司法界做事，这也影响到金先生后来就读台湾大学法律系。

从台湾大学毕业后，金先生到政治大学研究所读政治，师从王云五。王云五在金先生眼里是"奇人"：只有小学毕业，学问来自苦读勤修，"又像牛又像马又像骆驼"。王云五19岁在中国公学任教时，购《大英百科全书》，穷三年光阴通读。"他的英文可以教胡适。在他任台湾行政主管部门副职的时候，招待外宾，那些外国官员的夫人坐他旁边，怕他老先生不懂英文，以为要给他翻译。结果他一上来就是一席英文，令宾客惊讶不已。"金先生笑道："他喝醉酒的时候，常满口英文，有时候会哭，因为金圆券的事情，我相信他是有大委屈的，背了这个黑锅，不愿意讲，也从未讲过。当年蒋中正让他做财政部长，那些黄金和外币换了金圆券后来都变得一钱不值，很多人把他看作是罪魁。我相信真相要比这复杂得多。"在王云五先生逝世二十周年时，金先生写了《人间壮游》一文追念这位恩师。金先生说："王云五先生那个时代是大时代。我们现在身处的时代更不寻常，中国的变迁如李鸿章所讲'三千年未有之变局'。这也是我一直关心中国的现代走向的缘故。"

1905 年的废科举改变了中国的文化宇宙

李怀宇：近几年来你特别强调大学问题，为什么？

金耀基：很简单，整个中国怎么样进入世界，有两个重要转向。一个就是 1905 年，废科举，那还是清朝，当然已经在维新运动的压力之下。另外就是1911年，整个政治宇宙改变了。现在一般人对于领导人怎么讲也无所谓，过去天子是皇帝，辛亥革命后，统治权已从帝王转到人民了，所以，孙中山说：现在四万万人都是"皇帝"了。但是，最根本的是1905年的废科举。我以前念书的时候还没感觉到这个重要性，最近十几年我觉得这个太重要了。今天所有转变，都从这里开始，它是把中国的文化宇宙改变了。过去我们有士大夫，中国的读书人，当然学而优则仕，这是传统中国政治社会的中心思想。读什么呢？基本上四书五经为核心，当然，策论、文学也有，但经书是做人治国的基本知识的来源。我们以前的学校，韩愈讲是传道、授业、解惑，传圣人之道。这个情形在今天大不一样，是要创造知识，不只是传道而已了。过去以四书五经为知识的核心，等于欧洲的中世纪大学以《圣经》为知识的核心。19世纪末清廷"废科举、设学校"这件事，严复就讲，这等于秦朝废封建、设郡县一样重要。所以，我认为1905年之后是中国的文化与学术改变了。从此之后，尽管有些转折，但出现了中国的现代大学，先是京师大学堂，后来改变的北京大学。中国的大学一开始就是"现代大学"。这是中国之幸。

李怀宇：中国大学的发展和西方大学的变迁有什么样的关系？

金耀基：西方的现代大学是欧洲中世纪来的，其实跟我们一样，讲"大学之道"，也讲"止于至善"，建立一个好的、善的文化秩序，用英文讲是寻求 common good（公益）。欧洲的中世纪大学是以《圣经》为知识的核心，当时大学是讲信仰的，但是 19 世纪后，德国大学开始重科学、讲理性、讲批判。德国大学是西方的"现代大学"。1905 年以后，我们移植的就是欧洲的"现代大学"的滥觞。西方的大学包括美国也追随德国开始从传统型转到现代型。所以，我们中国大学从这点讲，几乎是跟世界同步走向现代的。当然中国自从有了大学之后，转折点太多，政治上干预也太多，没有发挥出大学真正的作用。"文革"时期在"反智"的大风暴下，几乎是没有大学了。中国大学的文化灾难是"文革"，因为不讲别的，教师都下放去跟贫下中农学习，不要大学了。

1905 年之后，中国大学成立文、理、法、农等科，这些都是西方大学的知识谱系。特别重要的一点，就是民国初年蔡元培做教育总长的时候，颁布《大学令》。《大学令》基本上就是把经学从知识谱系中拿掉了。严复做第一任北京大学校长，就不设独立的经学科了。蔡元培任校长前一段时间，经学又回潮，袁世凯居然称校长是中大夫，教授是下大夫，他根本不知时代已经变了。袁世凯死后，蔡元培出任北大校长，大学再有改革。蔡元培是从德国留学回来的，德国的大学把中世纪大学重中之重的神学拿掉了，他说，北大把经学拿掉是一样的道理。不过，请注意，并不是中国传统的东西不要了，而是把经学里面的东西，适合文学的放到文学里面，适合史学的放到史学里面，适合哲学的放到哲学里面。应该指出，经学今天固然还在大学里有传承，但在过去，经学是学问的整体，而现在经学只是属于大学"文科"的一部分。大学的知识谱系中，文科又是众多学问如理、工、商、医、社会科学等科之一科而已，故我说中国的"经学时代"已结束，而代之而起的则是"科学时代"，因为现代大学的学问是以"科学"为最大范畴的。今天我们讲中华文化复兴，无疑大学里面中国文化是以文史哲为主的，而只属于文科中的一部分而已。很多人说，今天人文凋零，这是有道理的。试想，在以前的话，所有学问都是人文，哪里还有人文与非人文之分，现在大学知识的谱系里面，人文相对地说，已退居到众科学问之一的地位了。不过从另一个角度看，单就人文学科本身说，对中国文化学术的研究，一百年来，其成绩是十分可观的，甚至不会低于清朝以前任何一个一百年中的成绩。哲学界、史学界、文学界，很多研究成果累积起来，成绩是绝对不可菲薄的。

五四运动客观的作用是启蒙

李怀宇：如果我们用时段来回顾中国的现代化进程，1919年也是一个很重要的时间，就是五四运动。胡适认为五四运动是中国的文艺复兴运动，但是他后来又说，因为这个运动受到冲击，没有达到文艺复兴的目的。你对中国文艺复兴这个概念如何看？

金耀基：胡适是把新文化运动当作中国的文艺复兴。我曾经写过两篇文章谈中国的新文化运动，我是把五四运动和新文化运动分开而又结合起来讲的，五四运动是爱国运动，争国家主权，而新文化运动则是对传统文化的重估与批判，主张思想的解放、个体精神的树立。在我看来，新文化运动客观的作用是启蒙。陈独秀倡导的"科学与民主"最能象征地抓住了启蒙运动的精神。启蒙运动在欧洲也有分别的发展。启蒙运动的中心在法国，而英国、德国的启蒙运动表现却不大一样。中国当时则是以法国的启蒙精神为师的。当然，法国的启蒙运动与中国的新文化运动破坏力很厉害，所有的东西都被怀疑了，被批判了。启蒙运动影响到大学核心精神之转变。中世纪大学讲信仰，现代大学则讲求理性。启蒙运动之后，大学成为建立理性的学术性团体，不再讲信仰了，尊科学、重理性以追求真理为终极目标。现代大学的科学理性精神在19世纪的德国最先出现，然后扩展到美国、英国，我上面说那个时候中国也加进来了，蔡元培就碰到那个历史时刻。蔡元培是世纪之交特殊的人。他是一个老翰林，留学德国。那个时候德国科学最先进，他很能掌握到德国大学的现代性格。德国大学影响到以后的美国，美国大学把英国的大学本科教育加上德国的研究中心，就变成20世纪的美国的"研究型大学"。这也成为世界的大学的范典。

李怀宇：五四运动到现在正好是九十年。从五四运动到1949年的天翻地覆，再到"文革"结束后的"改革开放"，几乎每三十年都有大变化。

金耀基：诚然，今天我觉得中国已进入另一个关键性的三十年。1978年后三十年中国改革开放，推行四个现代化，使中国大步地进入了现代的工业大国。我一再强调，中国的现代化的终极愿景是要建立一个现代的文明秩序，那么我们必须要另一个三十年。过去三十年，我们的经济现代化，取得了不得了的成绩，从世界上最穷的国家之一，变成世界上第二个经济体。尽管现在仍有这样那样的缺失，中国第一个三十年经济现代化确实成功了。中国经济现代化之巨大成就，原因很多，这个成功的故事还没能讲清楚，但是有一点，就是因为中国的改革开放，正遇上资本的全球化、金融的全球化。在过去十几年，每年差不多有五百亿美元以上的资金落在中国，这个不得了。这使中国所以能有巨大的生产革命，成为了"世界的工厂"。可是，我们社会还不够现代化，政治上更不够现代化，所以未来三十年，应是经济现代化、社会现代化、政治现代化并举。未来三十年假如成功的话，在一个和平的状态之下能够继续有三十年的全面发展，那么，中国的"现代转向"基本上将会逐步完成。我认为中国这是真正进入一个新时期。在未来三十年的时间里，社会现代化、政治现代化是不能避免的，但它们的发展，不会也不能完全走西方过去的道路。政治现代化并不一定说完全仿效西方的模式，其实西方本身也有多个模式，但是必须把民主的精神加以贯彻。民主不能只是一个口号，必须制度化。孙中山讲每个人都是"皇帝"了；后来又有讲"人民当家做主"了，国民党创建的是"中华民国"，中国共产党创建的是"中华人民共和国"，都把"人民"定为国家的主体。人民的认同与认可是统治正当性的源泉。因此，必须建立起一些制度，使政府对人民有责任、有交代。当然，一个现代政治，不能不有司法之独立，法治与民主是不可分的。总之，老百姓要有参与权，老百姓的权利要有保障，政府不只要注意到老百姓的意见，还要有交代的机制。未来的政治秩序，必须是一个有公义的秩序，就不能失去民主性，那才会是一个"大治"，是一个太平世。黄遵宪讲的"太平世必在民主"是有真智慧的。千万不要以为民主是洪水猛兽，或者是可爱的天使，它只是在人民"主体性"被唤醒之后，唯一能够建立一个现代政治秩序的制度。过去在中国，君主专制的时候，治世、盛世是靠运气，是碰上了圣君贤相。民主政治就不是要靠运气，在民主的政治秩序下，天堂上不了，但也不会出现地狱。

文化在中国现代进程中的作用

李怀宇：文化因素在中国的现代化进程中起到什么样的作用？

金耀基：中国知识分子不知不觉都认为文化是最重要的东西，实际上，在国家发展的过程中，说到底，文化也确在发挥重要的作用。最近讲"文明冲突"的亨廷顿去世了。我以前谈过他，有些地方他讲得很有识见。他说在全球领域中，今后的大冲突其根源是文化，文化取代经济、政治与意识形态的冲突。也许不是"取代"，但族国之间的摩擦冲突，表现到最后的方式，不能避免有文化冲突的出现。在社会学里讲制度、讲文化，制度与文化观念可以分开讲，但是到最后，制度的问题也是牵扯到文化。一个社会，就算是移植了西方的民主制度，还是有文化的因素在里面发生作用。当然，文化本身也是会变的。人类历史之变，也必然是文化之变。中国过去三十年变化够大了，其中显然有一个全球化的影子。我到过深圳、上海等一些大城市，发现在有些高档的商场，有的连中国字也看不到（都是英文、法文等外文），好像中国文化不见了。当然，这只是看到事物的一面，其实中国自身就不断吸收外来的东西，中国文化的内涵不断在扩大，这是中国文化可大可久的原因。汉代以前我们哪里有佛教的文化呢？可是汉代以后你说中国文化可以不讲佛教吗？我是从事社会学研究的，讲中国宗教生活有比佛教更重要的吗？没有。中国读书人，很难说没有受佛教的影响，《太上感应篇》很少人没有念过。从宗教层面讲，宗教是人类生命世界里非常重要的一部分。佛教之后，基督教也进来了，这是不是我们被"印度化""西化"了呢？当然不是。没错，我们是接受了印度文化，接受了西方文化，可是从另外一个观点看，中国文化的主体性并未消失，中国文化其实是把自己扩大了。今日我们视之为西方的东西，五百年、一千年之后，我们就会视之为中国文化的新元素。

李怀宇：现在很多人讲到普世价值，有些人非常希望普世价值遍及中国，而有些人又抗拒。你是如何看这种现象？

金耀基：普世价值成为一个争论的问题，这也很自然，这种争论也不限于中国大陆。价值的东西是常受文化局限的，同一个文化圈的人，常会觉得他们所喜爱或尊重的东西是"放之四海而皆准"的，但不同文化圈的人就往往不如此认同。在今日全球化的时代，文化间交流或接触多了，一个文化圈所认同的价值便被另一文化圈所认同了，也就增加了该价值的普世性了。过去中国文化传入日本、韩国，中国的价值也就为日本、韩国接受，中国的仁、义、忠、孝等价值也就有了跨国性或普世性了。19世纪以后，西方文化向世界扩散，出现了一个全球西方化的现象。西方近代形成的一些核心价值，如自由、民主、平等、法治也渐为非西方许多社会的大众所认同，也因此有了跨国性或普世性了。无疑，19世纪以来，西方文化在全球是处于主导性地位的，因此，西方人，特别是有的政客，常会自觉或不自觉地，把自己的做法做普世性的宣称。在全球化的时代，价值的普世性是存在的，但我们也必须了解，今日全球仍是一个多元文明并存的时代，要世界有一个和平的秩序，对不同文明的价值尊重是必要的，而这本身也许应看作是多元文明间一种"普世价值"。

李怀宇：全球化的浪潮对中国现代化进程有什么重要的影响？

金耀基：到目前为止，形成所谓世界性的政治经济的形态有好多种，但最有世界性意义的两种就是社会主义与资本主义。苏联垮了之后，弗朗西斯·福山认为这是"the end of history"——历史终结了。他这话讲得太快了。从 1917 年"十月革命"之后，20 世纪出现了一个共产世界，与西方的资本主义世界平分天下，共产世界的社会主义从经济上表现出来最具体的就是计划经济，与资本主义的市场经济相对立。到了 20 世纪末叶，共产世界的经济普遍落后，最后崩溃了，这当然证明计划经济失败了。现在的中国，经济上已经开始大大地变革了，也走上社会主义式的市场经济了。最根本的是，1978 年后，中国真正展开现代化了。中国加入了 WTO，意味着中国进入世界，世界也进入中国。中国在经济全球化中成为最生猛的一员，也是得益甚大的一员。正因为中国进入世界，中国才能成为"世界的工厂"。整体上说，经济的全球化对中国经济的发展是有极大影响的，对中国的现代化进程也有巨大的促进作用。

李怀宇：这次金融海啸对中国未来的变化会是一种什么样的冲击？

金耀基：中国能够在三十年中尤其在过去二十年有巨大的发展，近几年的 GDP 年度增长率都高于 10%，可以说是人类历史上少有的现象。原因很多，有内在的，也有外在的。其中一个外在的原因就是中国遇上了全球性的金融体系。全球金融资本是看全球哪个地方比较优越，包括政治安定性与开放性，就会投向那里。孙中山革命的时候就希望借外国的资本来发展中国，可是钱不肯来。现在，全世界的资本，每年500亿美元以上跑到中国来，500亿美元转化一下，可办多少个工厂？可雇用多少人？中国过去二十年成千上万的工厂、公司遍布大江南北。当然，正因为中国与全球经济紧扣一起，美国或其他地方出了金融危机，就立即成为全球性的金融海啸。中国以前有句话叫："铜山西崩，洛钟东应。"这就是说，全球化的影响，西边一崩的话，东边马上就出问题了。纯粹从金融体系来讲，中国还没有跟西方百分之百地融接在一起，幸亏不是，因此还有一道防火墙，所以那些古古怪怪的金融衍生工具中国还很少用。香港出问题就比内地多。但是，虚拟经济的问题马上就会转到实体经济上，中国的问题就大了。出口出问题了，所有外资、外销导向就都出了问题。订单不来了，怎么办？外销在中国 GDP 中占一个大比例，中国的出口是世界性的，但以美国为最大。而美国的经济主要靠内需，中国太靠外需了。诚然，政府处理经济危机相当稳健与有方向感，逐步把主力放在创造内需市场上。大家很了解，美国基本上靠内需，日本也以内需为重。中国十三亿人中真正进入消费市场大概有多少亿呢？开放前说中国是个大市场，未必真实，"消费革命"出来了以后才真正有市场。中国内需加大了，才会有一个扩大的消费革命。当然，有生产革命才有消费革命，人民口袋没有钱的话哪里来的消费革命？三十年的经济发展，使大量人进入到所谓的中产阶层。中产阶层在消费活动里面扮演了重要的角色。我认为消费革命是中国走向经济民主化的一个重要表现。消费者有了自主权，不是以前计划经济，你生产什么东西我就要什么东西，你有什么我就吃什么。现在不是了，我要吃什么就买什么，我有选择了，这种就是"消费者主权"的观念。近来出现毒奶粉这些问题，消费者受害，但最后消费者拒绝你，你就得关门了，不需政府把你关掉，消费者会把你关掉。

未来内需扩大之后，中国的消费革命将进入第二波。这个消费革命真正强大的时候，在总人口里占百分之六十到七十以上，那中国的"社会力"就大很多。经济的现代化绝对可以带动社会的现代化。

李怀宇：唐德刚先生提出中国两百年走出"历史三峡"，从 1840 年到 2040 年，你对他的这个论断如何看？

金耀基：到底两百年还是几百年，我不会这样说，但是大的社会形态的转变，绝不是短时间能够完成的。我说中国的现代转向就不是短时间能够完成的事情。中国现代化的路程，大概要跨越三个世纪，从 19 世纪末开始，通过整个 20 世纪，我希望在 21 世纪的另外一个六十年到一百年，中国的现代化或会完成。如此地说，唐德刚的"历史三峡"的说法是有意思的。20 世纪是人类历史上的一个大转型。科学特别是科技真正有飞跃性发展是 20 世纪，发明东西之多，影响人类的生活世界之大，史无前例。过去中国有发明，欧洲与其他地区都有，但大都是极少数天才型的人做的，更重要的是，他们搞科学研究，玩票的多过专业的。但是在 20 世纪，数以万计的人全天候地、全职地，并在一种专业的基础上从事科研工作。20 世纪的研究型大学里，理学院、工学院、医学院，各种研究所、研究中心就是做全天候的、专职的、专业的科学研究，这是知识的创造。以前中国有儒学、理学、道学、佛学等，20 世纪最大的"学"则是科学。不仅有自然科学，还有社会科学，甚至人文学也有变成"人文科学"的了。

21 世纪科学研究的对象已经到人本身了。过去研究自然，今天到人，生物科学中基因的研究已有突破性发展了。这些知识，搞人文的常常不看重，其实真正改变世界、改变人的自我形象的就是这些。中国现代化企图建构的现代文明秩序，无可避免地是一种科学元素极重要的文明秩序。今日人类的文明，跟科学是分不开的。现代大学尊理性，重科学（求真的知识），推动科技知识发展的责任越来越重，但是，也不能走"科学主义"之路，不能够让科学万能的观念笼罩一切，大学教育中人文（求善与美的知识）的地位是绝不能被贬抑或被边缘化的。

"大学之道，在明明理，在新知，在止于至真。"

李怀宇：你研究中国的现代化进程与大学之道，中国的大学在现代化进程中扮演着什么重要的角色？

金耀基：在整个世界现代化过程当中，今天已有了知识经济、知识社会的概念。以前，知识本身不是一种资本，但在新经济中已成为最主要的资本。"二战"之后，大家越来越清楚，大学已经成为创造知识最主要的地方。古代的"大学之道"是"在明明德，在亲民，在止于至善"。在我看来，现代大学的"大学之道"已变成"在明明理，在新知，在止于至真"。"在明明理"的"理"，不是中国过去讲的做人的道理，而是事物之理；"在新知"，是在创造新的知识，"在止于至真"，是寻求科学真理。这是东西方社会的现代大学的大学之道，不是传统时代的大学之道。在18世纪欧洲发生启蒙运动以后，西方大学已经变成以理性为主，与中世纪大学以信仰为主不同了。19世纪科学进入到德国大学之后，在大学的知识谱系中，科学的分量越来越重，科学的范畴越来越大，科学的知识不仅占据主位，还成为衡量一切知识的尺度。中国过去讲的"德性之知"或希腊讲的"实践知识"都是求好、求"至善"的知识，今天都在大学有被边缘化的现象，有的大学甚至不讲了！中国的现代化，讲到底，必须依赖知识，而大学是创造知识的主要基地，因此大学在中国现代化中扮演了根本性的角色。中国现代化是为了建构中国现代的文明秩序。这个秩序，不仅是经济的、政治的，也必然包括道德的秩序、伦理的秩序。因此，我要强调，现代大学的大学之道，讲追求"至真"是不够的，还要讲追求"至善"。这样，今后的大学之道必须把古代的大学之道与现代的大学之道结合在一起，亦即把求"至善"与"至真"同时并举。若如此，则大学所传授所创造的知识就不可只重"理智的知识"——最有代表的是科学知识，还需重中国过去讲的"成德之学""德性之知"，或者希腊所讲的"实践知识"。这也是一种价值之学。

知识变成了经济的重点

李怀宇：现在中国大学的教育水平，放在全球视野来看，到底处于一个什么样的状态？

　　金耀基：香港的几所大学，最近几次被列入泰晤士高等教育世界大学排名（Times Higher Education World University Rankings），都排在一百名之内，最近该刊又把香港三所大学排名为亚洲大学前五名之内。试想，全世界大学有两万五千到三万所以上，能够排名在一百名之内甚至五十名之内，这是了不得的事情。但是我们不能把这种排名看得太重，许多这类的评估方法都太粗糙，都很难精确，未必能完全反映实际状况。至于中国内地的大学，我了解有限，不完整，很难作出全面性的评论。我只能讲，中国内地经历了"文化大革命"，大学残败到那样的程度，几乎比零起点还难。我没想到中国内地的大学在过去三十年中能够恢复出这么强大的力量。现在不但是恢复，有一些大学还跟世界接轨得很紧，有世界级的水平，这是很令人鼓舞的，这是中国过去三十年国力大增的原因之一。我举个例子，三十年来这么大的经济发展，需要很多的人才，绝不能完全从外国来。不去说公司 CEO、工厂总经理，也不去说政府高中层的领导班子，下面不同层次都需要大量人才。哪里来的？绝大多数是从大学来的。大学为中国改革提供了成千成万的技术人才。一些高素质的大学，很多方面都跟世界一流的大学接轨了，所做的研究跟世界最先进的没有什么落差，师资显然在不断优化、强化。有一点，中国的著名学府，不讲别的，学生素质都十分优秀。学生好，办学就成功了一半。有好学生，好学者就愿意去教。当然，有出色的教师阵容，也就能吸引出色的学生。今天的大学生就是三十年以后国家社会的主干。目前中国好好坏坏有一千六百所大学，美国好好坏坏有三千多所，他们是三亿人口，我们是十三亿人口，我们的大学绝不算多。一个现代化越先进的社会，其工作人口就越要大学的毕业生，中国现代化越成功，就越要更多的大学提供更多的人才、更多的知识人。一个真正的现代社会，必然是一个"知识社会"。大学在今天已成为国家社会创建知识的中心机构。一个国家的大学实力与一个国家的国力是分不开的。其实，国家的硬实力也好，软实力也好，讲到底，都是知识力，而大学正是创建知识力的场地。

李怀宇：余英时先生讲到美国大学的发展时，认为民间的力量非常重要。

金耀基：美国立国才两百多年，哈佛大学、耶鲁大学已经是三四百年了，这表示，美国是先有社会再有政府。要注意，美国只有州立大学，除此之外就是私立大学。很多世界著名的大学，如哈佛、耶鲁、普林斯顿、芝大、哥大、斯坦福等都是私立学校，很难得的公立学校，像加州大学伯克利分校或者密歇根大学也是出类拔萃。但是，美国基本上是民间办大学，社会办大学。美国是一个大社会。为什么20世纪美国能变得那么强？是因为国家强，社会也强。在美国，许多事政府可以不必揽过来，社会都去做了，社会办大学就是其一。美国这种公、私立大学并举的现象，可说是"美国模式"；日本、韩国和台湾地区都采用这个模式。1949年前，中国亦如此。1949年后，政府什么都管，什么都承担，教育这一块更是如此，可以说走的是欧洲模式。欧洲是几乎没有私立大学的。香港在1997年之前也没有私立大学的，在欧洲，像英国都是公立大学，私立学校只有一两所，那是异数。坦白讲，现在要私人把大学办得像公立学校那么成功是很难的，因为需要的钱太多了，不是一点点钱，比如说要创设一个像样的医学院，要多少钱放进去？在台湾，只有像王永庆这样的人肯做，才做得起来。中国大陆近二三十年来市场经济出现了，为数不少的有钱人出现了，私人办学的可能性有了。但是也有一些人不是为了真正办教育，认为这是一笔生意，很好做，这就不可能办得好。台湾地区就有这样的情形。我想，在中国大陆未来三十年中，可能会出现真正像样的民间大学，那才是一个真正的强国家、强社会。强社会跟强经济、强市场是连在一起、不能分开的。

大学共和国^{〔1〕}
——答马国川

    我一直对于绅士心存敬仰，但是遗憾的是，我从来没有在国内见过一位绅士或者是有绅士风度的人。虽然我也曾经见到过个别手持大烟斗、一副绅士做派的学者，但也仅仅是绅士做派而已。

    2009 年 4 月份，我终于第一次见到了一位真正的绅士。那是在《读书》杂志和博源基金会在北京召开的一次座谈会上，一位老人坐在我的旁边，他风度儒雅，气质高贵，手中一柄硕大的烟斗更增添了他的庄重气度。

〔1〕 本文是马国川于 2009 年 4 月 25 日的访问稿。收入其《大学名校长访谈录》，华夏出版社，2010。我在原本的访问稿上，将我的作答部分作了一些修改和补充。

在主持人介绍后我才得知，这就是大名鼎鼎的金耀基先生。在大动荡的 1949 年，无数大陆人涌入台湾岛，其中就有父母挈领下的金先生，当年他才 14 岁。四年后，金先生考取了台湾大学法律系，毕业后又到台湾政治大学政治研究所转念政治，这里有台湾一流的学者，其中就包括一代奇人王云五先生。王云五没有读过大学，但是把《大英百科全书》都看完了。他的知识面不局限于人文科学，对自然科学也非常了解。他居然可以教胡适英文。这位自学成才的学者跟孙中山先生不认识，只是在一次聚会上发表了演讲，孙中山就请他做秘书。在台湾政治大学，金先生与王云五先生结下了深厚的情谊。后来王云五先生曾一度要他留下来帮助主持台湾商务印书馆的工作，但是金先生婉言谢绝了。他飞赴美国，在匹兹堡大学修读哲学博士学位。巧合的是，香港有三位大学校长都是在匹兹堡大学获得博士学位的：徐立之（香港大学）、谢志伟（香港浸会大学）和金耀基（香港中文大学）。从美国回来后，金先生在台湾政治大学教书，又在台湾商务印书馆兼任编辑工作。王云五先生做台湾商务印书馆总编辑，他是副总编辑。

　　1966 年出版的《从传统到现代》成为金先生的成名

之作，这是第一本系统地谈中国现代化问题的书。当时只要是大学以上甚至是聪明的高中学生，假如要谈文化的事情，没有不看这本书的。1970年，金先生到香港中文大学执教，后来担任了香港中文大学新亚书院院长。此后，他担任香港中文大学副校长、校长长达十五年，直到2004年退休。金先生参与香港中文大学三十多年来每一个阶段的发展，他的研究、教学、行政都与大学有关。金先生对大学之为大学深有研究，1983年出版《大学之理念》在台湾地区引起回响与共鸣，并对台湾的大学改革运动产生了影响。

在座谈会上，金先生对中国社会转型的见解赢得了众人的共鸣。非常遗憾的是我没有随身携带相机，因为金先生每一次发言时的神态举止都值得拍摄下来。座谈会结束后，我跟随着来到他下榻的宾馆，就大学问题进行采访。他说："有人说21世纪是中国的世纪，但如果没有五十到一百所一流的大学的话，这是痴人说梦。欧洲成为欧洲世纪，美国成为美国世纪，都跟这有关系。美国的大学也是在'二战'以后才发展起来的。我相信中国好的大学以后会越来越多，这也跟中国的现代转型有很大关系。"

教授要升迁是非常难的

马国川：您是哪一年就任香港中文大学校长的？

金耀基：我 1970 年到香港，1977 年成为中文大学新亚学院的院长，是中文大学历史上最年轻的院长，然后又做了十几年的副校长。到了 2002 年，因为李国章校长要到政府部门做教育局长，所以要我考虑做校长，后来校董会聘请我任校长。我一辈子教书，没有和行政完全分开，但是我没有放弃本业。我在港中大三十五年，唯有这两年没有教书、没有做研究。

马国川：成为专职校长。

金耀基：原来做院长副校长还上课的，还做研究，等于是兼职院长、兼职副校长。当了校长就没有办法了，哪里有时间去教书、做研究，一定要把自己的事情做好。根据《香港中文大学条例》，最高治理机构是校董会。校董会主要是两部分人士构成：一部分是大学的教职人员，一部分是社会贤达之士，包括很多大企业家，因为他们也支持学校。社会贤达之士完全是义务的。校董会不管学术，只负责与学校行政有关的重要事务，对大学有最后的权力。每一位校长、每一位教授的聘任都要经过校董会通过。

马国川：教授人选也要报校董会？

金耀基：对，校长准备材料后报给校董会。材料包括近几年来发表的论文、教学成果。对论文，我们一定要送给世界上专业的权威来评价。这些人我们都不认识，有英国的，有美国的，偶尔也请国内的权威，但是至少有四位教授。如果有一位教授说不行的话，那就通不过。学术界里面同行相忌的情况是有的。假如我们发现三个人都说多么好，而只有一个人说多么差，那怎么办？大学会决定再送给另一位这方面的世界级的学者，看他怎么说。假如这个人说不行的话，那就通过不了；假如这个人说很好，那就会顺利晋升。总而言之，教授要升迁是非常难的。

马国川：这套机制和内地的完全不一样。

金耀基：不一样。

马国川：但是也有这样的问题，比如说校董会对学术了解吗？

金耀基：很简单，他们对校长上报的材料都很尊重，他们依据外面审查的结果来决定。我们还是信任一批已经有成就的人的，他们不会乱讲，因为他们要保持自己的声誉。为什么要在世界范围内寻找权威教授？道理很简单，今天的许多学术研究不只是中国人在做，全世界都在做。现在大学里面做的东西很多是相同的，有共同的标准。是不是有一些东西的确有民

族性呢？历史文化元素越多的就越有民族性，这没关系，你不
要以为中国的东西只有中国人在做研究，外国人也有很多在
做，而且有的做得很出色。所以，一定要客观地审查，这样才
能决定教授能不能升迁。

马国川：那么聘请教师呢？

金耀基：聘请教师基本上也是一样，也是送到外面审查
资格，最后由校董会决定。如果外面的审查都说这个人很优
秀，那么他到我们学校来，我们一样会欢迎的。香港中文大学
在教授之聘请与升迁上，都在世界范围内寻找评审学者，这是
与大学之"世界性"不能分开的。中文大学是这样的做法，西
方大学也有同样的做法。我自己也曾为哈佛大学聘请社会学教
授、加州大学升任讲座教授做过评审。这是世界的大学十分正
常的做法。

马国川：这样就保证了教师的质量。

金耀基：我们不能说是一点儿小错误都没有，但基本上
保证了百分之九十九的准确率。学校要请教授，首先是要看全
世界这行里很好的教授有没有可能来，我们在全世界的相关学
术刊物上刊登消息，让他们知道资讯。有的已经在国外一流大
学里任教了，挖不过来，但是也有看到消息愿意来的。比如说
有一位统计学的教授，年纪那么轻，却申请做最高的讲座教

授。最妙的是他的论文虽极有分量却不算多，但是一看他指导过的博士生，都是哈佛等一流大学的教授。我很奇怪，马上打电话到芝加哥大学去问一位友人，我说你们系里这位先生怎么会离开芝大而申请到港中大来？对方说，这是上帝给你们的礼物，因为他太太不喜欢芝加哥，他自己早年在香港生活过，所以他才愿意到你们中文大学去。

马国川：是上帝的礼物？

金耀基：对，上帝的礼物！

马国川：在港中大里教授发挥什么作用？

金耀基：第一，校董会里有教授参与，有几个位置是为他们保留的。第二，学术事务上最高的是教务会，讲座教授是教务会主力，有关教务的案子校长提出来需经教务会审查。校长是开会主席，他要酝酿很久，要提出非常服人的理由。

马国川：如果学生反对呢？

金耀基：学生反对，也有的。比如香港其他的大学都是法定英文教学，而中文大学却是唯一的双语教学。因为如果不是双语的话，那就没办法真正地国际化，没办法请哈佛、牛津等的一流教授到这儿来教书，学生听不懂，没有意义。所以中文大学里教授不一定能够双语，但是学生必须双语。可是教务会通过之后，学生到校董会那里去反对，质问中文大学是不是不应该那么强调英语教学。问题闹得不得了，刘遵义校长请我这位退休的教授做主席，成立了一个二十人组成的"双语教学委员会"，其中有老师代表、校委会代表、董事会代表、学生代表，统统都不是我选的。大家进行认真的辩论。这样搞了两年，做成了报告给刘校长，他才送到教务会，最后通过。但有的人还是不同意，认为中文大学就应该用中文教学，最后到法院去告。

马国川：还有人把这事告到法院去？

金耀基：法院审查不是小事情啊，对方请了大律师，上百万的费用呢。中文大学也请了英国人权方面极有声望的律师，最后判大学赢了。诸如此类，都不是那么简单的。

如何遴选校长？

马国川：校长的人选是怎么确定的？

金耀基：也是在全世界范围里面找。校董会成立一个遴选小组，里边有校董会的董事、两名大学教员，有时还听取学生的意见。遴选小组在确定校长的条件后，委托一家国际性的猎头公司（哈佛找校长也是雇用这家公司），猎头公司到全世界去找，初步选定十个人。遴选小组经过讨论，最后决定七个，专门邀请他们过来面谈，最后阶段还请候选人来做个演讲，跟师生们见见面，大家问一些问题，看他（她）是不是有校长之才，适不适合做校长。有时是一次，有时是两次，整个过程要一年多的时间呢。遴选小组最后确定一人选报董事会，董事会一般都会批准。因为这样遴选出来的人选，董事会要反对也很难，所以基本上不会反对。但是我们有一个潜规则，1997 年之后我们不希望聘用外国人，在中国人里边找，因为他（她）至少是双语的，对香港地区、对中国有一定的了解。

马国川：这和大陆的校长任命制完全不一样。

金耀基：我发现，大陆很重理工的，许多大学校长都是理工方面的专家学者，有些还是院士。大陆跟台湾都把院士看得很高，什么都要找院士，太偏向于院士，一定要在院士里找。院士可能是很好的学者，但未必是好的校长。我这话没有贬义，我自己也是"中央研究院"院士。但学术能力和行政能力是两个完全不同的概念。

马国川：是不是有一些校长的确行政工作做不好？

金耀基：确实有些行政工作不一定会做得好。现在的大学真的是非常复杂。美国加州总校校长克尔是我非常佩服的，他说过，现在的大学变得跟城市一样，不像以前很简单，只有几个院系，教教书，现在非常复杂。用你的话说就是"大学的

行政化"，这从某种意义上来说是不可避免的。美国大学找校
长不是要求学问最好（不过学问当然要到某个水平），而是要
求管理才能高，尤其是美国大学很重要的是捐款。中国大概没
有这个需要，因为都是国家的，但是对内对外都要有很好的沟
通能力吧。

马国川：您是说大学的行政化是和大学规模的空前增大
有关的？

金耀基：规模大了之后，行政化是不可避免的。至于官
僚化就不好了，大学的行政组织，英文是 bureaucracy，我们
翻译为"科层组织"。科层制是一种建立在理性行动基础上的
组织管理体制，最大的特征就是"技术最优性"，一般而言，
有效率，有效能，但是它也会导致官僚主义的滋生、人性的压
抑以及创新精神的窒息等。

马国川：内地大学的行政化和官僚化现象比较严重。

金耀基：今日的大学是一个十分庞大和复杂的组织，也
因此，大学的行政化是不可避免的。但"行政化"有一个
"度"的问题。行政化不足，则不免散漫无归，没有效率；行
政化太过，则繁文缛节，一切都走程序，走形式，也一样会低
效率，甚至低效能。所以行政化主要是个"度"的问题。至于
"官僚化"，我看主要是与执事者（校长到低层职员）的心态有

关。如果把大学看作是官僚制或衙门，那大学就不免"官僚化"了。说真话，有做官心态的人是不宜进大学做行政的。

马国川：这时就要用制度来保证。

金耀基：制度很重要。制度是自由，制度也是限制，限制使得一些问题不会或不易出现。如果在一个制度下，常会产生效果不好的东西。在这个情况下，就有完善制度的空间，比如说是不是在教育部门决定任命之前，要有一个独立的委员会，委员基本上来自不同的大学，让教授们也有机会参与。当然大学本身也可有独立的委员会，也可以在聘用、升迁等事务上有一些建议权。不管是聘任教授还是校长，香港中文大学的做法跟我们重视国际化有关系，成本很高的，花很多时间，花很多钱。中国内地的情形跟香港当然不同。内地这么多大学，完全要走这条路的话恐怕也不太现实。再说内地那么大，人才也够多了，评审的工作不一定要送到外国去，但尽量要使评审有一种客观性，使公信力更强。最后，我想说，制度化是必须的，但制度本身有好的也有不好的。制度本身不断完善才是重要的。

政府怎么给大学拨款？

马国川：香港有几所大学？政府根据什么给大学拨款？

金耀基：我们是公立学校，费用很高，除了募集的，百分之八十五的钱是政府拨给的。政府给多少钱，是根据大学拨款委员会的建议。大学拨款委员会是英国制度，政府不直接对大学，而是对大学拨款委员会。大学拨款委员会的人员也是来自世界各国的学者、教育行政人员，还有就从学校里面选出的一两个人参与进去，再加上香港的少数社会贤达。这些人很关心并且也很懂大学教育。这个制度比美国的好，美国的州立大学要拨款就要跑到议会去，常会被议会说三道四，有政治考虑，甚至无理取闹。我们没有，我们要面对的是大学拨款委员会。

马国川：大学拨款委员会如何运作呢？

金耀基：比如说要成立一个新的系，大学拨款委员会就要看整个大学是不是把所有的问题都考虑到了。比如，新系要请多少人，开什么样的课程，这些课程合不合理，是不是香港社会所需要的等。委员会里面有很多人都是美英等国的重要大学的校长、副校长，他们都非常了解大学。学校要跟委员会陈说、讨论，甚至辩论，然后由委员会做出决定，决定之后大学还可以表示不同意。但是政府基本上会按照拨款委员会的意见拨款。拨款委员会会定期过来看你发展得怎么样了，看研究与教学的情况，是一个很精密的参与过程。在我的校长任期内港中大建立了法学院。之前香港已经有两所大学设有法学院了，是不是还需要一个法学院？港中大在过去已不止一次提出申办法学院，皆未如愿。我们预计拨款委员会会提出这样那样的问题，拨款委员会里边世界著名的法官都有，我要去给他们作申办报告，说明中大为什么还要办一个世界一流的法学院，港中大的法学院走哪个方向，有哪些侧重面，法学院设哪些课程，毕业生的出路、前途等。我告诉他们，法律教育是大学生最重要的教育之一，不是说只为将来做法官、做律师备才而已。社会上各领域的精英都应有一定的法律修养，香港最重要的资产是法治，没有高质素的法律人才怎么可能持续久远？还有，港中大希望对自己的国家有贡献，培养的法律人才将来也可以到内地去，诸如此类。当然，大学对于建立和发展法学院都具有完整的计划方案，他们一次次地审查，非常严格。最后公布了，他们表示大力支持。

马国川：这点和内地的审批制也是不同的。

金耀基：大学拨款委员会是很独立的，他们不受政府干预。你知道吗？香港政府有时心里并不高兴，因为它的人管不到大学，也管不到拨款委员会，政府也有人未尝不想把它去掉。政府直接给钱，直接给钱当然影响大了。拨款委员会是世界上很特别的制度。学校执行计划方案不好的话，第二个三年可能拨款就少了。坦白讲作为校长有时候也很讨厌这个制度，

因为太繁杂了，但是从大学全面发展的角度来看，这种制度是
客观的，也是很理性而有实效的。

大学共和国

马国川：我理解，中文大学最突出的一点就是国际化的
眼光和国际化的制度。

金耀基：刚才我讲的评审制度是国际化的一个环节，我
们有一个基本前提，这就是大学的知识是世界性的。中文大学
有全方位的与世界一流大学接轨的策略，港中大的教师百分之
一百聘请的都是在世界一流大学中或获得高级学位或任教的学
者。港中大有定额收受海内外来的本科生与研究生，港中大的
师生与国内外大学有种种交流计划。其实，凡此种种也是海内
海外许多大学都在做的。坦白说，在全球化的时代，任何一所
力争上游的大学，不能不有世界眼光与格局。

马国川：因此眼光一定要放开，要有国际化的视野。

金耀基：这是肯定的。中文大学是李卓敏校长 1963 年创
办的，这位校长雄才大略。他本人是美国加州大学伯克利分校
的经济学与管理学教授，曾任该校国际工商系主任，也是该校
中国研究所的所长。那时伯克利分校如日中天，势头几乎压倒

哈佛。1963 年李卓敏教授受聘到香港筹办香港中文大学，他说，中文大学是一所中国人办的国际性大学，不是英国大学，也不是美国大学。

马国川：他一开始就把中文大学定位为是中国人办的一所国际性大学。

金耀基：西方中世纪大学原来有一个世界精神（基督教的文明世界），巴黎的教授可以到伦敦去，伦敦的教授也可以到罗马去。那时通用的语言是拉丁文，但是到了 20 世纪下半叶英文取代了拉丁文，成为世界性的语言。中文也已有潜能变成世界性的语言，在某种意义上现在苗头已经出现了。可是在大学里面，中文变成世界性的"学术语言"还有一段极大距离。例如，物理学通用的是英文，假如不用英文，研究都做不了，因为基本资料都是英文的，要跟同行沟通必须用英文，这是很自然的。因为 19 世纪大英帝国是"日不落帝国"，英文已遍及世界各角落，20 世纪美国领头的科技研究又是用英文的，并称雄世界。现在中国的重要大学在一定范围在一定程度上，恐怕不能够不用双语，因为中文是必要的，英文是重要的。

马国川：但是现在因为中国的国力强大了，大学里也有反对用英语教学的声音，说搞英语干什么，中国这么富了，将来外国人都到中国来学习呢。

金耀基：这是一种情绪式的看法。要知道英文已经不是英国人的英文，也不是美国人的英文，而是世界性的语言。我在德国访问的时候我不会德文，只用英文德国的师生也完全没有问题，法国人对法语最自负，现在也对英文另有看法。法国的文化部长表示，为了大学毕业生职场上的"受雇性"，也鼓励年轻人要掌握英文。英文在欧盟内被普遍采用。日本不少大学也是用英文了。

马国川：美国虽然经济上出了些问题，但是它的大学仍然是世界上最先进的。

金耀基：我认为是，而且最多，美国的大学仍然是产生世界级人才最多的地方。它的学生来自全世界，都是最好的学生，而老师又是世界性的。像哈佛有百分之二十多的教授是外来的，不是说这个学问领域只有美国人可以教，不是的，学术是天下的。不可否认，美国仍拥有最多世界一流的大学。美国卓越的大学是美国国力的最大凭借。

马国川：真正实现了学术"天下公器"的理想。

金耀基：大学教什么东西，大学的知识结构差不多全世界的大学都相同，只是看谁的水平高低。你说重点大学不办文科吗？不办理科吗？不办工程学院吗？不办新闻学院吗？诸如此类。不能说今天我们教的物理学跟美国的不一样，那你搞什么东西？即使是中国的，主要因为知识是世界性的，所以可以说，学术是"天下公器"。

马国川：也就是说，大学精神要全球化，大学制度要全球化。

金耀基：对啊，现在要跟国际接轨，接轨不是要跟非洲去接轨，而是要跟世界上最先进国家的大学接轨。唯有在与世界接轨的前提下，我们才能讲领先。不能说产生于西方大学的学术成果（理论技术）我们都不要，可能吗？那将置中国大学于世界大学之外，别说要领先于世界，恐怕将陷于长久落后的境地。产生于大学的学术知识是人类共有的东西，杨振宁、李政道拿了诺贝尔奖，也是在西方大学的学术领域里面发展出来的。所以，不要小气地说这是美国的，那是英国的。世界是一所大学，大学已经是一个共和国了。

马国川：这个说法太好太贴切了。

金耀基：严格讲起来，是不是已变成"全球性大学"了？有人是这样认为的。我认为，全球化是一回事，是不是有全球性的大学是另外一回事。美国的哈佛等大学都不是全球性大学。哈佛大学的一位校长也在问：到底哈佛对美国的贡献应该怎么样？我们中国大学当然也问这个问题，我们对中国的贡献在哪里？就中文大学而言，我们希望港中大培养的人才主要是给香港、给中国内地培养的，我们不希望我们的学生学成后都到外国去。诚然这些人才基本上各国都可以用。他们可以用我们培养的，我们也可以用他们培养的。我们不妨问问，今日中国在各方面获得这么大的发展，到底有多少是得益于西方或外国大学创造的知识、理论和培养的人才呢？

马国川：国际化恰恰符合学术"天下公器"的理念。

金耀基：当然了，"天下公器"不错，可是港中大作为一所中国人办的大学，我们非常重视怎样把中国文化传承和发扬。说到底，大学就是要把人类文明保留下来、传承下去。世界上有些大学，包括剑桥，对一些濒危的语言文字还在研究，就是要为世界保留文明。清末 1905 年的废科举、兴学校等非常重要，它实际上是从经学时代到科学时代的一个转折点。我个人非常厌恶"科学主义"，但是我们必须承认，科学的确是把整个人类社会往前推进了。当然科学之外，人文学一样重要。我们是中国人办的国际性大学，科学研究必须与世界接轨，可是中国的人文学术跟西方还是不一样的，中国人的大学应该做到传承和发扬的责任。中国文明里过去的好东西必须传承发扬，要不然中国的大学就跟任何大学都一样了。

大学天然要求学术自由、学术自主

马国川：您对学术自治是怎么看的？

金耀基：英美等国对学术自治是非常重视的。香港中文大学虽然是在英国殖民统治的时候成立的，但是一旦成立以后，政府就不再干预了。是不是完全没有影响？当然也有，不过港中大的学术自由、学术自主是受到尊重的。大学要办得好，它天然要求学术自由、学术自主，这是"大学之为大学"的性格所使然的。

马国川：大学制度只是社会里很多制度的一种，为什么要特别强调自主与自由呢？

金耀基：因为现代大学从事的中心任务是要创造新知识，这就决定了大学需要有学术自由、学术自主。这也是上面我所说，这是"大学之为大学"的性格所使然的。史学家陈寅恪很早就指出，研究学术最主要具有"独立之精神和自由之思想"就表达了这层意思。而民初蔡元培任北大校长时，强调的是"学术自由"与"教育独立"之议，亦是说明大学要能发挥大学之功能，就不能不需要学术自由与自主。香港的大学虽然是殖民统治时代的产物，但是学术自由、学术自主绝对是有的。严格讲，在台湾很长时间里，大学不是那么自由的，是民主化以后才有的。中国大陆"文化大革命"的时候万马齐喑，大学的教授，别说没有了学术自由，连做人的尊严都没有了。这十年大学都无法是大学了。

　　马国川：改革开放以后中国大陆在这方面发生了根本性的变化。

　　金耀基：国家要发展的话，哪一样不需要真正的知识？知识从哪里来？得靠大学来创造。邓小平1977年复出，第一桩大事就是重视科学与教育，恢复高考，端正大学，这使中国此后在大学教育上得以有根本性的变化。

　　马国川：大陆曾有一所著名大学的校长说，大学是培养蓝领人才的，也就是说要培养普通劳动者。

　　金耀基：这个我不能认同。诚然，蓝领也需要有一定的知识水平，但现在我们认识到，今天是一个知识社会，大学不仅应该培养蓝领人才，更应该培养全国的公民，使全社会都有高质素人才。事实上，今天社会越来越复杂，越来越需要各种高质素的知识人。今日的社会面对的种种问题，没有真正的知识是难以解决的。真正的知识从哪里来？不是说完全依靠大学，但是大学是一个主要的地方。

　　马国川：在当前社会，大学已经成为了生产知识的最重要的场所。

金耀基：生产知识其实是一个很如实的说法，但是有的人听到"生产"不入耳，所以就说"知识创新"。想想看，现在知识主要来源靠什么？是靠大学。20 世纪 60 年代，美国加州大学伯克利分校校长克尔说现代大学已成为"知识产业"的重地。他是极有远见的。

马国川：这种知识的生产或这种知识创新的独特性，就要求大学是独立的。

金耀基：要有很高的自主性，同时要有很大的学术自由。

马国川：以前大陆一直说，知识来自于生产，来自于实践，来自于科学实验。由于受旧有认识的局限，虽然人们知道大学重要，但是还没有人认识到它的真正的重要性。

金耀基：有些人未必真正了解现代大学的基本功能。

马国川：因为搞市场经济，从计划经济到市场经济的转轨过程中，也出现了大学的功利化。

金耀基：市场化经济的确容易出现大学的功利化，这在美国和香港地区都有。大学的功利化与大学之"创富"有一定关系。不过，大学创富的目的如是强化大学的功能（科研与教学），则大学还是在走正路，如果只知创富，忘了大学的本务，则是"手段"取代了"目的"，而非大学之正道了。

大学关系到整个中国的发展

马国川：中文大学在世界大学里处于一种什么样的地位？

金耀基：全世界很多机构都在做排名。假如世界上没有一个全球的学术可比性的话，是不能排名的，不一样怎么排？就是因为大学的世界性越来越高，在这个意义上讲是可以排名的。在过去的十年、二十年里，英国的《泰晤士高等教育增刊》每年都要做一个调查，公布"泰晤士高等教育世界大学排名"，连续几年，香港中文大学都排在全世界一百名内。

马国川：那是相当了不得的。

金耀基：全世界大学有两万五千所到三万所，《泰晤士高等教育增刊》的大学排名，包括中文大学在内的香港的三所大学，在我记忆中都排到前五十名。如实说，我们还没有到那个水平，也许一些评价的指标对我们有利。一般排名用的指标很粗糙，判断不是那么严谨，所以不可太重视。但是不管怎么说，在过去的三十年当中，香港的大学已有相当的水平，真的是可以排在世界的前列了。这是三十年前完全不能想象的。在这里我想指出，香港的大学的崛起是与香港之崛起不能分的。我可以断言，中国内地的大学之崛起也必与中国之崛起如影随形。

马国川：香港的大学实际上用了很短的时间就走到了世界大学的前列，这对内地高校的发展应该说是很有启发意义的。

金耀基：对于内地大学，身处内地的人可能比较容易看到它不足的地方，而我却可能看到它进步的地方。我觉得内地至少有近十所大学已经有很高的水平了，这是无可置疑的。内地有十三亿人口，多少优秀又出众的青年都奔向这十所学校去了，它们能差到哪里去？不可能差的。粗率地说，内地的大学存在的问题也较多，我想恐怕还要再进一步优化，这要有一个过程。

马国川：香港的大学建立了比较成熟的现代大学制度，反观内地，大家都有一种焦虑，可能是转型期间的焦虑，总觉得问题很多很大。

金耀基：香港的大学，包括美国的大学，不是说没有缺点的，缺点也很多。内地的大学在大发展中出现一些问题更可以理解，有些是因为发展而出现的问题，有一些则是因为不发展而出现的问题。有一位法国非常著名的研究组织学的权威克劳塞教授（Michel Crozier），是我的朋友，他到香港来时特别问我："中国（内地）在这段时间里发展那么快，它的管理人才、技术人才是从哪里来的？"中国内地在大发展中变成了世界工厂，需要不同层次的人才，完全靠外国吗？不可能。它完全靠海归派吗？更不可能。所以严格讲起来，内地大学在过去的二三十年间已经提供了非常重要的科技管理人才，所以使得内地的奇迹故事能够写成。现在有一些西方人说中国内地培养的科技人才比美国多几倍，这话对不对？没有错，但是以后真正要考虑科技人才的创造性，以及他们能不能有高度的科学技术的修养。说实在话，内地现在的工业化还是比较低层次的。世界上没有一个现成的大学模式最好，但是有一些运作好的制度值得借鉴。

马国川：一些制度是有共性的。

金耀基：对，今天已经运行着的大学制度，实际上有很多的共性。在世界范围内，有的大学成功的做法（best practice），都可为其他大学采用。大学间的互相交流观摩正可以促进共同的进步。我总觉得，大学对整个中国的发展有着非常密切的关系，从今天大学的情形差不多就可以看到三十年以后中国内地整个社会的情形。不是说中国的未来发展完全靠大学，但是知识与人才这两样至关重要的资源是要靠大学的。

马国川：正是因为如此，在内地，大家对现在的大学怨言非常多，比如说大学的学术造假、学术腐败等现象，令人痛心疾首。

金耀基：这些都是败坏大学风气的不良现象。当然，如果这类现象出现多的话，就不能只说是大学风气的不良现象了，这极可能是某些制度上的欠缺，大家要真正去思考，要优化制度，去弊存优。

百年以来教育的重大遗失^{〔1〕}

刘梦溪

2013 年 8 月下旬，因赴香港出席中华国学论坛，得以再次与金耀基先生晤面。金先生是海内外声名卓著的文化社会学家，我和他相识于 90 年代初，至今已有二十多年。每次过港，我们都会晤面，体验难得的谈讲之乐。这次的会他未遑出席，但看到了我和杜维明、傅佩荣几个人的主题演讲。我主要讲"六经"的价值伦理具有永恒性，完全可以成为当代社会价值重构的直接资源。他对此一话题颇感兴趣，但亦强调，经学为科学所取代是百年以来现代教育的事实经历。

今年春节后的一次电话中，他再次提起这个话题，并说有一篇文章可以寄我一看。他说的是《从大学之道说中国哲学之方

---

〔1〕 文章原刊《中国文化》2015 年春季号。

向》这篇文章。我看后感到甚获我心，当即写一信告知心得。他得信后又打电话与我谈此话题。金先生的文章虽然已先期披载于香港的学术刊物，考虑到其对百年以来的教育思想和教育实践的检讨与反思，以及对当代中国社会的价值建构的点睛和切中，经征得金先生同意，今年（2015）5月出版的《中国文化》杂志特重新予以刊布，以飨对此方面的话题投以关注的内地读者。

自1905年清廷废科举、兴学校以来，不同于传统教育方式的新型教育体制，在我国迄今已有一百一十年的历史。新旧交替，历史转型，波诡云谲，异说异是。然大历史格局里面的文化与社会的递嬗，实有事与势的不得不然者。金耀基先生把此一转变在教育方面的呈现，概括为由经学到科学。揆诸20世纪的教育实况，我们无法不信服金先生的观察。20世纪的主流哲学思潮，则主要是分析哲学和实证哲学，所追寻的是理性的客观知识，金先生将其目的与或任务概括为"求真"。此正如老辈中已故的哲学翘楚金岳霖先生所说："现代研究工作的基本信条之一，就是要研究者超脱他的研究对象。要做到这一点，只有培养他对于客观真理的感情，使这种感情盖过他可能发生的其他有关研究的感情。人显然不能摆脱自己的感情，连科学家也难办到，但是他如果经过训练，学会让自己对于客观真理的感情盖过研究中的其他感情，那就已经获得科学研究所需要的那种超脱法了。这样做，哲学家或多或少超脱了自己的哲学。他推理、论证，但并不传道。"[1] 在此点上"二金"同归，他们丝毫不否认这种哲学的论理意义，但绝不满意这种哲学的不近人情的冰冷的精神气质。金岳霖不禁怀念起中国哲学家，说他们都是不同程度的苏格拉底式人物，在他们那里，伦理、政治、反思和认识集于哲学家一身，知识和美德呈现为不可分的一体。金耀基则顺理成章地联想到他所熟悉的唐君毅、牟宗三等新儒家领军人物，特别是他们所期待的关于科学之外的一种满怀恻怛之仁与悲悯之心的学问，这就是最高的善论，也可以称作"立人极"之学。

那么行进已逾百年的现代教育呢？如果说中国传统教育的旨趣是《礼记·大学》所做的概括："大学之道，在亲民，在止于至善。"金耀基先生说，今天的大学之道，则可以表述为："大学之道，在明明理（明科学之理），在新知（创科学之新知），在止于至真（科学之真理）。"由科学统领的知识教育毫无疑问是现代教育的核心，其成功和成就，没有谁能够予以否认。但单纯的知识教育的局限，以及因成功形成的傲慢与独断，随着时间的推移，也变得有目共睹。事实上，哈耶克、哈

---

[1]《金岳霖全集》第六卷，人民出版社，2013，第387页。

贝马斯等学者，对将科学等同于知识的"科学主义"已经有所批评了。而在2006年，曾担任过哈佛大学本科人文与科学院院长的刘易斯，也尖锐地提出，哈佛大学失去了甚至是自愿放弃了铸造学生灵魂的道德权威的责任。金先生文章中这方面的丰富引证与论述，不由得让人服膺，同时又让人警醒。他的结论是："今日否定科学之贡献者可谓非愚即妄。但大学教育之目的，在求真之外，必不能不求善。古代的求'善'的大学之道必须与今日求'真'的大学之道结合为一，不可偏废，否则大学很难培育出德智兼修的学生。"这让我想起老金先生岳霖前辈的类似的话："知识本身是否具有直接的影响，这是值得怀疑的。如果它曾经有，那么对于大多数人来说，它现在已经不再有了。在大多数人那里，知识是像牙刷一类的用具，只要不用，就被挂起来了。知识是否是某种意义的美德？古希腊人认为是，我们无须断言它在今天已经不是了。知识是中性的，影响不了我们爱好的口味。它的分寸感太强，使我们不能靠它来解决它的恰当范围以外的问题；它太外在，不能支持我们以信仰来行动；它太软弱，不能为我们提供帮助。它不是情感和欲望的主宰者或伙伴，相反，它成了它们的奴隶。"[1]而当话题

---

〔1〕《金岳霖全集》第六卷，人民出版社，2013，第398页。

涉及教育目的时，老金先生更为直截了当："教育的主要目的是培养个性，消除野性，使人变得坚定；是在冲突的人生需求之间建立平衡，养成某种节操以便自我控制其他方面；是修养本性从而使受到滋养的本性变得有教养和有文化的内涵。价值观念必须自觉地接受。这里的意思不是说教育应该灌输价值或观念，但是教育肯定应当对价值和信仰加以分辨，应当鼓励青年人清醒地意识到自己的选择，使他们能够明确地说出自己的价值观念是什么，并确信自己无愧于天地。"[1]

老金先生岳霖前辈还格外钟情于"优雅"这个概念，他认为只有把"平等"和"优雅"结合起来，才可能成为真正的人。他写道：无论你选择的是什么职业，"温和而庄重的仪表、严肃认真的工作态度和发自内心的愉悦，都是他作为人所应当具有的，这些比其他一切都重要"[2]。论者有的或谓，如今的第一流的高等学府已经成为造就"精致的个人主义者"的温床，则老金先生之论，不知可否使那些"精致"的人精，在哪怕是期待中的优雅秩序面前生出些许愧疚，以恢复文明的本然，以避免让高贵蒙羞。

---

[1] 《金岳霖全集》第六卷，人民出版社，2013，第403—404页。
[2] 同上，第405页。

金耀基先生的文章，道出了他的古典向往。他认为亚里士多德视伦理学为关乎人如何活及人的快乐的知识，是无比正确的。他说："如果我们想对我们自己或者对科学有一种清醒与人性的观点，那么，一种承认知识之领域是大于科学之领域的知识观，就成为一种文化上的必须了。"他主张回复到古希腊时代的"一个更扩大的知识范典"。而老金先生则说，中国哲学属于苏格拉底、柏拉图那一类。"一位杰出的儒家哲人，即便不在生前，至少在他死后，是无冕之王，或者是一位无任所大臣，因为是他陶铸了时代精神，使社会生活在不同程度上得到维系"。因此他为苏格拉底式人物的一去不复返而深深感到惋惜。[1]而陶铸和养育这样人物的精神范典，在中国古老传统背景下唯"六经"足以当之。中华文化的基本价值理念和价值结构悉在"六经"，中国人做人和立国的基本学理依据悉在"六经"。所谓国学，离开经学，实无所取义矣。本文所引老金先生的文字，一为《中国哲学》，写于1943年，一为《哲学与生活》，写于1944年，原稿都是英文写就，翻译成中文发表是后来的事。两金同举并谈，可以加深对金耀基先生文章构意的理解，亦可知文化的

----

〔1〕《金岳霖全集》第六卷，人民出版社，2013，第385—386页。

历史轨迹原来如此奇妙，不仅东圣西圣，其揆一也，前贤后贤，其揆亦似非异。但昔日的话题重现于今日，已经是在观念的纠结和实践的翻覆过去差不多七十年之后了，那义蕴玄规和对经验材料的把握，自有前所不能比之于后的不同品貌和学理深度。